中国交通教育研究会组织编写
汽车维修工技能鉴定和转岗就业培训用书

轿车维修模块化实训系列教材

轿车维修基础

实训集

杨 勇 主编　吴际璋 主审

人民交通出版社

内容提要

本书是轿车维修模块化实训系列教材之一,主要训练学生对轿车各总成或系统的拆卸、分解、检验、组装和安装调整的能力。内容包括:常用量具的使用、发动机拆装及检验、离合器拆装及检验、手动变速器拆装及检验、自动变速器拆装及检验、主减速器拆装及检验、转向系拆装及检验、制动系拆装及检验、行驶系拆装及检验,共计9个模块的实操训练。本书中每一个项目与《轿车维修基础》教材中的项目相对应,可用于实操训练的记录和考核;"训练并思考"部分可作为学生课后的思考或作业,达到实操训练与理论知识相衔接的目的。

本书作为职业院校汽车运用与维修专业师生教学用书,亦可供相关工种职业技能鉴定和转岗就业培训使用。

图书在版编目(CIP)数据

轿车维修基础实训集/杨勇主编.—北京:人民交通出版社,2007.8

(轿车维修模块化实训系列教材)

ISBN 978-7-114-06718-1

Ⅰ.轿… Ⅱ.杨… Ⅲ.轿车-车辆修理-教学参考资料 Ⅳ.U469.110.7

中国版本图书馆CIP数据核字(2007)第113818号

书 名:轿车维修基础实训集
著 作 者:杨 勇
责任编辑:智景安
出版发行:人民交通出版社
地 址:(100011)北京市朝阳区安定门外外馆斜街3号
网 址:http://www.ccpress.com.cn
销售电话:(010)85285838,85285995
总 经 销:北京中交盛世书刊有限公司
经 销:各地新华书店
印 刷:北京宝莲鸿图科技有限公司
开 本:787×1092 1/16
印 张:8
字 数:167千
版 次:2007年8月 第1版
印 次:2008年5月 第2次印刷
书 号:ISBN 978-7-114-06718-1
印 数:3001~6000册
定 价:15.00元

编审委员会

前　言

为了贯彻《国务院关于大力推进职业教育改革与发展的决定》精神，适应全面建设小康社会对高素质劳动者和技能型人才的迫切要求，实施理实一体化教学，增强学生的动手能力，中国交通教育研究会组织北京、山东、浙江、江苏、河北和云南六个省市26位专家，在对全国30余个汽车维修企业进行充分调研的基础上，根据素质教育的要求和教学改革的发展需要，以及交通行业职业技能规范和汽车维修技术等级标准，开发制订了汽车维修岗位培训教材编写大纲，并委托云南省交通高级技工学校（国家级重点技校）及所属安大汽车修理厂工程技术人员组成的编写小组完成了轿车维修模块化实训系列教材的编写任务。

本套教材包括《轿车维修基础》、《轿车检测管理》、《轿车故障诊断》和《轿车电气设备维修》四个分册，并配有相应的《实训集》。每个分册由相应职业工种的核心模块组成，各模块包含每人学习课时、学习目标、作用、实训器材、操作步骤与图示、核心理论、学生评价标准、习题及安全操作和技术操作注意事项。本套教材作为理实一体化教学中的实训指导，理论基础知识以够用为度，重点掌握实际操作能力，其中实训内容以图解的方式逐步呈现，图示明确，说明扼要，学生按图索骥，在实践中学习，在学习中实践，能快速掌握汽车维修技术的技巧，并能达到汽车维修中、高级技术工人标准要求。

本套教材是职业院校汽车运用与维修专业师生教学用书，亦可供相关工种职业技能鉴定和转岗就业培训使用。

职业院校在应用本系列教材时，可根据教学的对象、目标和要求，从中选取相应的模块进行学习和训练。教材中的“每人学习课时”为学生的操作时间，在使用中可根据具体情况作相应的调整。与教材配套的《实训集》中，每一个项目与教材中的项目相对应，可用于实训的记录、考核；《实训集》中的“训练并思考”部分可作为学生课后的思考或作业，达到实训与理论知识相衔接的目的。对于实行“学分制”的学校，可根据自己的具体情况确定每个模块或项目所占的学分比重。

使用本教材作为“汽车维修工种职业技能鉴定”时，可从教材和《实训集》中任意选取相应的模块或项目，即可成为一份技能鉴定的题目或试卷。

使用本教材对社会转岗就业人员进行培训时，可根据学员不同需要，从教材中选出相应的模块进行培训，再利用《实训集》进行考核鉴定。

《轿车维修基础实训集》是轿车维修模块化实训系列教材之一，主要训练学生对轿车各总成或系统的拆卸、分解、检验、组装和安装调整的能力。内容包括：常用量具的使用、发动机拆装及检验、离合器拆装及检验、手动变速器拆装及检验、自动变速器拆装及检验、主减速器、差速器及后轮驱动式传动轴的拆装与调整、转向系拆装及检验、制动系拆装及检验、行驶系拆装及检验，共计9个模块的实操训练。《轿车维修基础实训集》中每一个项目与《轿车维修基础》教材中的项目相对应，可用于实操训练的记录和考核；“训练并思考”部分可作为学生课后的思考或作业，达到实操训练与理论知识相衔接的目的。

本书是云南省交通高级技工学校实施理实一体化教学六年的经验总结和结晶，由该校一线专业教师编写。参加本书编写工作的有：高庆华编写一、二、三、四、五模块，杨勇编写六、七、八、九模块。全书由云南省交通高级技工学校杨勇担任主编，由山东交通学院吴际璋担任主审。

在本书编写过程中得到了云南省交通厅科教处领导的高度重视和支持，得到了中国汽车维修行业协会、山东交通学院、山东省交通技师学院、浙江省交通技师学院、江苏省交通技师学院、河北省交通技师学院部分专家及教师的指导，为此对他们表示衷心感谢，对所参考著作和文献的作者表示诚挚的谢意。教材中存在的不妥和错误之处，敬请广大读者批评指正。

中国交通教育研究会

二〇〇六年十二月

目　录

模块一　常用量具的使用

项目1　游 标 卡 尺

得分：

一、训练记录、评分表

时间：　　时　　分至　　时　　分　　共　　分钟

序号	作业内容	配分	扣分原因	得分
1	叙述普通游标卡尺的结构名称	5		
2	读游标卡尺在任意位置时的数据（每人读3个数据）	20		
3	测量任意给定工件的外径	15		
4	测量任意给定工件的内径	15		
5	用普通游标卡尺测量任意给定工件的深度	15		
6	用深度游标卡尺测量工件深度	15		
7	分数总计	85		
备注				

指导教师：　　　　　　　　　　　　年　　月　　日

二、训练并思考(15 分)

1．游标卡尺的结构名称包括＿＿＿＿＿＿＿＿＿＿＿＿＿＿＿＿＿＿＿＿＿＿

＿＿＿＿＿＿＿＿＿＿＿＿＿＿＿＿＿＿＿＿＿＿＿＿＿＿＿＿＿＿＿＿＿＿＿

____。

2. 深度游标卡尺的结构名称包括____

____。

3. 精度为0.02mm的普通游标卡尺,副尺上1小格代表__________mm。

4. 普通游标卡尺可以测量____

____。

5. 使用游标卡尺的注意事项有____

____

____

____

____

____。

6. 测量工件内径时,应记下最__________(大、小)尺寸;测量工件外径时,应记下最__________(大、小)尺寸。

7. 训练过程中,你还有什么疑问?

8. 总结使用游标卡尺测量工件的注意事项。

项目2　千　分　尺

得分：

一、训练记录、评分表

时间：　　　时　　　分至　　　时　　　分　　　　　共　　　分钟

序号	作业内容	配分	扣分原因	得分
1	叙述外径千分尺的结构名称	5		
2	外径千分尺误差校对	15		
3	读外径千分尺在任意位置时的数据(每人读4个数据)	35		
4	测量任意给定工件的外径	30		
5	分数总计	85		
备注				

指导教师：　　　　　　　　　　　　　　　　　　年　　月　　日

二、训练并思考(15分)

1. 千分尺又名__________,测量精度为__________,按测量范围可分为______________等不同规格。

2. 千分尺的结构名称包括__________________________________。

3. 测量工件时,千分尺的测轴轴线应与__________________。

4. 读数时,应注意固定套筒上最右端刻线的半毫米整数刻线露出或是未露出,再决定活动套筒上的读数是________或是________(加、不加)0.50mm,得最终结果。

5. 使用千分尺时,应注意____。

6. 训练过程中,你还有什么疑问?

项目3 百 分 表

得分：

一、训练记录、评分表

时间：　　　时　　　分至　　　时　　　分　　　共　　　分钟

序号	作业内容	配分	扣分原因	得分
1	叙述百分表及表架的结构名称	5		
2	百分表误差检查	10		
3	测量凸轮轴径向跳动量	35		
4	测量曲轴轴向间隙	35		
5	分数总计	85		
备注				

指导教师：　　　　　　　　　　　　　　　　年　　月　　日

二、训练并思考(15分)

1. 百分表主要用于测量________________，测量精度为______mm。

2. 百分表及表架的结构名称包括____。

3. 用百分表进行测量时，应先使量头________________，目的是________________。

4. 百分表大指针偏转1格为______mm，小指针偏转1格表示______mm。小指针偏转1格时，大指针偏转______。

5. 使用百分表的注意事项有____。

6. 训练中你还发现什么问题？

项目4　量　缸　表

得分：

一、训练记录、评分表

时间：　　　时　　　分至　　　时　　　分　　　共　　　分钟

序号	作业内容	配分	扣分原因	得分
1	叙述量缸表的结构名称	10		
2	安装量缸表	10		
3	量缸表的误差检查	10		
4	测量1个汽缸上中下3个部位纵横两个方向的直径	55		
5	分数总计	85		
备注				

指导教师：　　　　　　　　　　　　年　　月　　日

二、训练并思考(15分)

1. 量缸表又名＿＿＿＿＿＿或＿＿＿＿＿＿，主要用于＿＿＿＿＿＿＿＿＿，测量精度为＿＿＿＿＿mm。

2. 量缸表的结构名称包括＿＿＿。

3. 测量汽缸直径，大指针以“0”刻线为基准，顺时针偏离“0”位时，表示被测汽缸直径＿＿＿＿＿(大于、小于)汽缸标准直径，逆时针偏离“0”位时，则相反。原理是＿＿＿＿＿＿＿＿＿＿＿＿＿＿＿＿＿＿＿＿＿＿＿＿＿＿。

4. 简述用量缸表测量1个汽缸某一方向直径的操作步骤。

5．校对量缸表尺寸的注意事项有＿＿。

6．使用量缸表时的注意事项有哪些？

7．你还有什么疑问吗？

项目5　万　用　表

得分：

一、训练记录、评分表

时间：　　　时　　　分至　　　时　　　分　　　　　共　　　分钟

序号	作业内容	配分	扣分原因	得分
1	叙述 UT58A 数字万用表的结构名称	5		
2	对 LCD 显示器显示的符号进行说明	15		
3	对 UT58A 数字万用表上的功能符号进行说明	15		
4	在汽车上进行直流电压测量	10		
5	对车用传感器进行电阻测量	10		
6	对车上电路进行电路通断测量	10		
7	测量 1 个硅二极管的电压	10		
8	测量 1 个三极管的 hFE 近似值	10		
9	分数总计	85		
备注				

指导教师：　　　　　　　　　　　　　　　　年　　月　　日

二、训练并思考(15 分)

1. 数字式万用表可用来测量____。

2. UT58A 数字式万用表的结构名称包括____。

3. 试画出 UT58A 数字式万用表的 LCD 显示器的符号说明表。

4. 试画出 UT58A 数字式万用表的功能符号说明表。

5. 在测量前,如果不知道被测值范围时,应先将功能量程开关置于____________,然后根据测量情况,依次选择____。

6. 万用表在汽车上主要用于测量电压和电阻:

(1)万用表用于测量电压时的注意事项有____。

(2)万用表直流电压量程分为____。

(3)万用表用于测量直流电压时,红表笔应插入表上____________插孔,黑表笔应插入____________插孔。如果预先知道被测电源或负载的正负极时,红表笔应接触电路的____________,黑表笔接触____________。如果预先不知道被测电源或负载的极性时,可以____________,但在显示屏显示的读数为负值时,应将____________。

(4)万用表用于测量电阻时的注意事项:____。

(5)使用万用表测电阻时,量程分为____。红表笔应插入表上____________插孔,黑表笔应插入____________插孔。

7. 对于使用万用表进行测量,你还有什么不清楚的地方?

模块二　发动机拆装及检验

项目 1　发动机总成的吊卸

得分：

一、训练记录、评分表

时间：　　　时　　　分至　　　时　　　分　　　　共　　　分钟

序号	作业内容	配分	扣分原因	得分
1	车辆安全举升	2		
2	放机油，放冷却液	3		
3	拆蓄电池	2		
4	拆下电气元件连接插头	15		
5	拆卸起动机总成	3		
6	拆卸空气滤清器总成	3		
7	拆卸冷却系部件	10		
8	拔下进、回油管	2		
9	拔下各真空管连接	3		
10	拆卸节气门拉索、离合器拉索	2		
11	拆卸发动机前端的多槽皮带	10		
12	拆空调压缩机	2		
13	拆卸自动变速器与车身的连接件	10		
14	拆卸发动机总成各支架	10		
15	将发动机总成吊出发动机舱	3		
16	拆卸燃油泵	5		
17	拆卸燃油滤清器	5		
18	分数总计	90		
备注				

指导教师：　　　　　　　　　　　　　　　　　　　年　　月　　日

二、训练并思考(10 分)

1. 车辆起吊时正确的支撑位置是____。用举升机举升车辆后,务必做的第一件事是________________________________。

2. 排冷却液时,将空调暖风开关拨在"暖气"位置的目的是__________。拆冷却液胶管时,应该在__________(冷、热)车时进行。

3. 拆卸发动机零部件前必须先拆下蓄电池搭铁线的目的是____。

4. 在拔电气元件连接插头时应注意的问题有____。

5. 不准拆制冷装置管接头的原因是________________________________。

6. 拔电控单元(ECU)插头的步骤____。

7. 捷达王 20 气门轿车发动机电控系统主要电气元件有____。你能描述它们的外形及安装位置吗?你能在车上指出它们的具体位置吗?你能描述它们各自的作用及工作原理吗(请同学之间互相测试)?

8. 拆卸燃油分配管处的进、回油管时,应注意____。

9. 将发动机从支座上脱离,把发动机总成吊出发动机舱时应特别注意____。

10. 在拆卸过程中,你还注意到什么问题?

项目 2　发动机外部机件的拆卸

得分：

一、训练记录、评分表

时间：　　　时　　　分至　　　时　　　分　　　　共　　　分钟

序号	作业内容	配分	扣分原因	得分
1	将发动机固定在发动机翻身架上，拆下变速器和液力变矩器	5		
2	拆卸进气管上体部件	10		
3	拆卸进气管下体部件	10		
4	拆点火系部件	10		
5	拆卸发动机上的冷却系部件	10		
6	拆卸发动机前端部件	15		
7	拆卸机油滤清器支架	10		
8	拆卸汽缸体外部件	10		
9	拆卸排气歧管	5		
10	拧出火花塞	5		
11	分数总计	90		
备注				

指导教师：　　　　　　　　　　　　　　　　年　　月　　日

二、训练并思考(10 分)

1．拔发动机点火系高压线插头时应注意____。

2．拆卸燃油管时应注意____。

3. 拆卸机油滤清器时应注意____。

4. 拆卸正时齿形带的步骤____。

5. 拆卸变速器和液力变矩器时应注意____。

6. 齿形带、支架和张紧装置不允许用水和汽油清洗的原因是____。

7. 拆卸过程中,你还发现哪些问题?

项目3　配气机构零件的拆卸与分解

得分：

一、训练记录、评分表

时间：　　　时　　　分至　　　时　　　分　　　共　　　分钟

序号	作业内容	配分	扣分原因	得分
1	分解空气滤清器总成	10		
2	拆卸凸轮轴正时齿轮	5		
3	拆卸、分解汽缸盖	20		
4	拆卸凸轮轴轴承盖	20		
5	拆卸液压挺柱	5		
6	拆卸进、排气凸轮轴油封	10		
7	分解气门组件	15		
8	分数总计	85		
备注				

指导教师：　　　　　　年　　月　　日

二、训练并思考(15分)

1. 拆卸齿形带各带轮螺栓前，需用卡子卡住________。

2. 拆卸缸盖螺栓的顺序是________，其目的是________。

3. 拆卸凸轮轴轴承盖的顺序是____。

4. 液压挺柱、气门弹簧、气门、锁片等必须按顺序摆放的原因是________________。

5. 拆卸火花塞时，必须用专用的________。

6. 训练当中，你还有哪些疑问？

项目4　机油泵的拆卸与分解

得分：

一、训练记录、评分表

时间：　　时　　分至　　时　　分　　共　　分钟

序号	作业内容	配分	扣分原因	得分
1	拆卸油底壳	15		
2	拆卸机油泵	15		
3	分解机油泵	55		
4	分数总计	85		
备注				

指导教师：　　　　年　　月　　日

二、训练并思考(15分)

1. 放出发动机润滑油时，目视润滑油颜色并用手捻润滑油的目的是________。收集的废机油的正常颜色应该是________。如果废机油颜色过于偏黑，原因可能是________。如果废机油颜色为灰色，原因是________。

2. 拧下机油集滤器盖后，应检查集滤器是否________________。

3. 你还有别的问题吗？

项目5　曲柄连杆机构零件的拆卸与分解

得分：

一、训练记录、评分表

时间：　　　时　　　分至　　　时　　　分　　　　共　　　分钟

序号	作业内容	配分	扣分原因	得分
1	观察方向标记，拆卸活塞连杆组	15		
2	拆卸中间轴	15		
3	拆卸离合器总成及飞轮	25		
4	拆卸曲轴主轴承盖	15		
5	抬下曲轴	5		
6	取出曲轴主轴承	5		
7	分数总计	80		
备注				

指导教师：　　　　　　　　　　　　　　年　　月　　日

二、训练并思考(20分)

1．拆卸曲柄连杆机构前，为能发现一些问题，首先应检查________________等几个间隙值。

2．检查各缸连杆与连杆盖是否有与缸号相同的标记，若无，应做上标记的目的是______。

3．从汽缸中推出活塞连杆组前，需用短塑料管护住连杆螺栓的目的是________________________________。

4．为了________________，拆卸出的活塞连杆，连杆轴承，连杆轴承盖必须一一对应装复，按顺序摆放。

5．拆卸离合器总成前，最好在从动盘与离合器壳体上作上对应记号，其目的是________。

6．必须按一定顺序拆卸各曲轴主轴承盖的原因是________________________________。

7．曲轴从缸体中抬出后的摆放要求是________________________________。

8．在拆卸过程中，你还发现什么问题？

项目6　分解冷却液泵(选学)

得分：

一、训练记录、评分表

时间：　　　时　　　分至　　　时　　　分　　　　共　　　分钟

序号	作业内容	配分	扣分原因	得分
1	拆卸冷却液泵总成	25		
2	拆冷却液泵凸缘、密封垫	15		
3	加热冷却液泵泵体	15		
4	压出叶轮	15		
5	压出轴承、水封	20		
6	分数总计	90		
备注				

指导教师：　　　　　　　　　　　　年　　月　　日

二、训练并思考(10分)

1. 拆卸冷却液泵轴时加热泵体的作用是____。

2. 生产当中,冷却液泵的易损件一般是____。

3. 你还有其他疑问吗?

项目 7　排气系统的拆卸与分解

得分：

一、训练记录、评分表

时间：　　时　　分至　　时　　分　　共　　分钟

序号	作业内容	配分	扣分原因	得分
1	举升车辆	10		
2	拆卸后消声器	20		
3	拆卸中间消声器	25		
4	拆卸前消声器	25		
5	拆卸前排气管	10		
6	分数总计	90		
备注				

指导教师：　　　　年　　月　　日

二、训练并思考(10 分)

1. 前消声器也叫__________，作用是______________________________。

2. 中间消声器起到____________作用。

3. 后消声器起____________作用。

4. 整个排气系统靠____________和车身固定，在拆卸时应注意________________________。

5. 在拆卸过程中，你还想到别的什么问题?

项目8　发动机零件的检验

检验一　配气机构零件的检验

得分：

一、检验记录表

接合面平面度检验记录表　　表1

序号	检验内容		实测值	标准值	使用极限	处理意见
1	汽缸盖表面平面度	与缸体接合面				
		与进排气歧管接合面				
2	汽缸盖高度					
3	进排气歧管与缸盖接合面平面度					

1．检验过程中你遇到哪些问题?

2．总结检验接合面平面度的注意事项。

气门弹簧自由长度记录表、气门弹簧垂直度记录表

表2

序号	1	2	3	4	5	6	7	8	9	10	11	12	13	14	15	16
检验内容	气门弹簧自由长度															
数据及处理意见	1缸进外	1缸进内	1缸排外	1缸排内	2缸进外	2缸进内	2缸排外	2缸排内	3缸进外	3缸进内	3缸排外	3缸排内	4缸进外	4缸进内	4缸排外	4缸排内
实测值																
标准值																
使用极限值																
处理意见																

序号	1	2	3	4	5	6	7	8	9	10	11	12	13	14	15	16
检验内容	气门弹簧垂直度															
数据及处理意见	1缸进外	1缸进内	1缸排外	1缸排内	2缸进外	2缸进内	2缸排外	2缸排内	3缸进外	3缸进内	3缸排外	3缸排内	4缸进外	4缸进内	4缸排外	4缸排内
实测值																
标准值																
使用极限值																
处理意见																

表 3

凸轮轴检验记录表(凸轮基圆标准直径 =34mm)

序号 / 检验内容 / 数据及处理意见	1	2	3	4	5	6	7	8	9	10	11	12	13	14	15	16	17	18	19	20	21	22
	各凸轮升程									同轴度			5 道轴承直径 ϕ					凸轮轴径向间隙				
	1缸进	1缸排	2缸进	2缸排	3缸进	3缸排	4缸进	4缸排	凸轮轴径向跳动量	第一道轴颈	第三道轴颈	第五道轴颈	第一道	第二道	第三道	第四道	第五道	第一道轴颈	第二道轴颈	第三道轴颈	第四道轴颈	第五道轴颈
实测值																						
标准值																						
使用极限																						
处理意见																						

气门零件检验记录表

表 4

序号	1	2	3	4	5	6	7	8	9	10	11	12	13	14	15	16	17	18	19	20	21	22	23	24
检验内容	各气门杆直线度								各气门杆直径								各气门杆总长度							
	1缸进	1缸排	2缸进	2缸排	3缸进	3缸排	4缸进	4缸排	1缸进	2缸进	3缸进	4缸进	1缸排	2缸排	3缸排	4缸排	1缸进	2缸进	3缸进	4缸进	1缸排	2缸排	3缸排	4缸排
数据及处理意见 实测值																								
标准值																								
使用极限																								
处理意见																								

气门组零件检验记录表

表 5

序号	1	2	3	4	5	6	7	8	9	10	11	12	13	14	15	16	17	18	19	20	21	22	23	24
检验内容	各气门与气门导管配合间隙								各气门头边缘厚度								各气门工作面宽度							
数据及处理意见	1缸进	2缸进	3缸进	4缸进	1缸排	2缸排	3缸排	4缸排	1缸进	2缸进	3缸进	4缸进	1缸排	2缸排	3缸排	4缸排	1缸进	2缸进	3缸进	4缸进	1缸排	2缸排	3缸排	4缸排
实测值																								
标准值																								
使用极限																								
处理意见																								

气门组零件检验记录表　　　　表6

序号 检验内容 数据及处理意见	1	2	3	4	5	6	7	8	9	10	11	12	13	14	15	16
	各气门座工作面宽度								各气门座下陷量							
	1缸进	2缸进	3缸进	4缸进	1缸排	2缸排	3缸排	4缸排	1缸进	2缸进	3缸进	4缸进	1缸排	2缸排	3缸排	4缸排
实测值																
标准值																
使用极限																
处理意见																

二、训练记录、评分表

时间：　　　时　　　分至　　　时　　　分　　　共　　　分钟

序号	作业内容	配分	扣分原因	得分
1	清洗零件	5		
2	检查正时皮带及带轮	5		
3	检验汽缸盖平面度	5		
4	检查气门室罩盖、压条等	5		
5	检查汽缸垫	5		
6	检查液压挺柱	5		
7	检查气门弹簧	10		
8	检验凸轮轴及座孔	15		
9	检验气门	5		
10	检验更换气门导管	10		
11	修磨气门座	10		
12	检验进排气歧管接合面平面度	5		
13	分数总计	85		
备注				

指导教师：　　　　　　　　　　年　　月　　日

三、训练并思考(15 分)

1. 正时齿形带不能接触油、水的原因是____。

2. 用水压试验法检验缸盖有无裂缝时应注意____。

3. 修磨缸盖的总磨削量约为________________。

4. 凸轮轴支撑座孔和轴承盖磨损量大时，不能通过其他方式处理而只能更换缸盖的原因是________________________________。

5. 气门弹簧过软或折断后会引起________________________________。

6. 凸轮升程低于使用极限后会造成________________________________。

7. 凸轮轴径向跳动与同轴度的区别是________________________________。

8. 如果没有塑料条，测量凸轮轴径向间隙的方法还有________________________________。

9. 安装凸轮轴轴承盖时，要注意________________________________。

10. 气门与导管配合间隙过大时主要会引起____。

11. 换新气门座圈时，将新座圈放入冰箱中或用干冰降温的目的是________________________________。

12. 检验过程中你还有哪些问题？

检验二　曲柄连杆机构零件的检验

得分：

一、检验记录表

汽缸直径检验记录表　　表1

序　　号	1	2	3	4	5	6	7	8
检验内容	各汽缸沿曲轴轴线方向的直径（上止口）				各汽缸垂直于曲轴轴线方向的直径（上止口）			
	1缸	2缸	3缸	4缸	1缸	2缸	3缸	4缸
实测值								

汽缸直径检验记录表　　表2

序　　号	1	2	3	4	5	6	7	8	9	10	11	12	13	14	15	16
检验内容	各汽缸沿曲轴轴线方向的直径（中部）				各汽缸沿曲轴轴线方向的直径（下部）				各汽缸垂直于曲轴轴线方向的直径（中部）				各汽缸垂直于曲轴轴线方向的直径（下部）			
	1缸	2缸	3缸	4缸	1缸	2缸	3缸	4缸	1缸	2缸	3缸	4缸	1缸	2缸	3缸	4缸
实测值																

活塞连杆组直径检验记录表　　表3

序号	1	2	3	4	5	6	7	8	9	10	11	12
检验内容	各缸活塞直径				各连杆衬套内径				各活塞销外径			
	1缸	2缸	3缸	4缸	1	2	3	4	1	2	3	4
实测值												

数据处理分析表　　表4

序　　号	1	2	3	4	5	6	7	8	9	10	11	12	13	14	15	16
检验内容	各缸圆度（用表1中数据计算）				各缸圆柱度（用表1、表2中数据计算）				各缸配合间隙（用表1、表2、表3中数据计算）				连杆衬套与活塞销配合间隙（用表3数据计算）			
	1	2	3	4	1	2	3	4	1	2	3	4	1	2	3	4
计算值																
标准值																
极限值																
处理意见																

曲轴、连杆检验记录表 表5

序号	检验内容		实测值	标准值	使用极限	处理意见
1	汽缸体上平面平面度误差					
2	连杆弯曲度	1				
		2				
		3				
		4				
3	连杆扭曲度	1				
		2				
		3				
		4				
4	连杆轴承间隙	1				
		2				
		3				
		4				
5	曲轴轴承间隙	1				
		2				
		3				
		4				
		5				
6	连杆轴承轴向间隙	1				
		2				
		3				
		4				
7	曲轴轴承轴向间隙					
8	曲轴径向跳动量					
9	飞轮端面跳动量					

活塞环端隙检验记录表　　表 6

序号 / 检验内容	1	2	3	4	5	6	7	8	9	10	11	12
	1 缸活塞			2 缸活塞			3 缸活塞			4 缸活塞		
	第 1 道气环	第 2 道气环	油环	第 1 道气环	第 2 道气环	油环	第 1 道气环	第 2 道气环	油环	第 1 道气环	第 2 道气环	油环
实测值(端隙)												
标准值												
使用极限												
处理意见												
实测值边(侧)隙												
标准值												
使用极限												
处理意见												
实测值(背隙)												
标准值												
使用极限												
处理意见												

曲轴上各轴颈直径、圆度、圆柱度检验记录表　　表 7

序号 / 实测值 / 检验内容		1	2	3	4	5	6	7	8	9
		各连杆轴颈				各曲轴主轴颈				
		1	2	3	4	1	2	3	4	5
轴颈前端 AB 方向直径										
与 AB 方向垂直直径										
轴颈后端 CD 方向直径										
与 CD 方向垂直直径										
圆度	计算值									
	标准值									
	使用极限									
	处理意见									
圆柱度	计算值									
	标准值									
	使用极限									
	处理意见									

注:曲轴轴颈检验见附图。

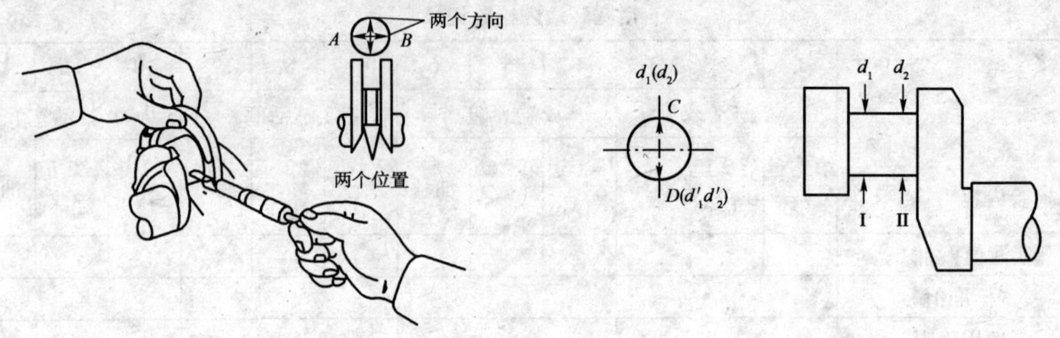

附图　曲轴轴颈测量部位

二、训练记录、评分表

时间：　　　时　　　分至　　　时　　　分　　　　共　　　分钟

序号	作业内容	配分	扣分原因	得分
1	清洗零件	5		
2	检测汽缸体上平面平面度误差	5		
3	汽缸检验，确定修理尺寸	15		
4	活塞、销、连杆小头配合检验	5		
5	连杆的检修	5		
6	检验活塞	5		
7	检验活塞环	10		
8	检验连杆轴承	5		
9	检验曲轴轴承	5		
10	曲轴的检验	10		
11	中间轴的检验	5		
12	各部油封的检验	5		
13	飞轮的检验	5		
14	分数总计	85		
备注				

指导教师：　　　　　　　　　　　　　　　　　　　年　　月　　日

三、训练并思考(15 分)

1. 用平面磨床修磨汽缸体上表面时，总磨削量不宜过大，约__________mm，否则将导

致__________,原因是____。

2. 通常以汽缸磨损后的__________和__________作为发动机是否大修的标志,你还记得汽车大修送修标志及各总成大修送修标志的内容吗?

3. 测量汽缸时,必须使__________垂直于__________,此时,百分表大指针指示到__________。

4. 桑塔纳汽缸修理尺寸有__________级,分别是____________________。

5. 拆卸后的活塞连杆组件可以任意搭配吗?____________________。

6. 名词解释:间隙配合、过渡配合、过盈配合____。

7. 更换连杆衬套时,必须对准____________________。

8. 对连杆变形的检验,如果没有专门的连杆检验仪,你有别的方法进行检验吗?____。

9. 通常,活塞环中第一道气环最容易损坏,而在汽缸中,也是第一道气环所到的上止口磨损量最大,原因是____。

10. 用塑料间隙条检查轴承径向间隙,当螺栓已被拧紧时,绝不能__________________________________。

11. 装好油封后,一般要在油封唇口上____________________。

12. 桑塔纳曲轴轴颈修理尺寸有__________级,分别是______________________________。

13. 检验过程中,你还有什么问题吗?

检验三　机油泵零件的检验

得分：

一、检验记录

序号	检验内容	实测值	标准值	使用极限	处理意见
1	齿轮端面间隙				
2	齿轮啮合间隙				
3	齿顶间隙				
4	主动轴与座孔的配合间隙				

二、训练记录、评分表

时间：　　时　　分至　　时　　分　　共　　分钟

序号	作业内容	配分	扣分原因	得分
1	主被动齿轮表面检查	15		
2	限压阀检查	15		
3	端面间隙检查	15		
4	啮合间隙、齿顶间隙检查	15		
5	主动轴与孔的配合间隙检查	15		
6	机油泵的性能检查	15		
7	分数总计	90		
备注				

指导教师：　　　　年　　月　　日

三、训练并思考(10 分)

1. 机油泵齿轮端面间隙过大时,可以____________________进行调整,必要时____。

2. 对机油泵进行试验,发动机温度正常,发动机转速为 2000r/min 时,机油压力最低为__________。

3. 简述用手检查机油泵性能的过程____。

4. 总结检验机油泵的注意事项。

5. 机油泵检验过程中你还有什么疑问?

检验四　冷却液泵零件及节温器的检验

得分：

一、训练记录、评分表

时间：　　　时　　　分至　　　时　　　分　　　　共　　　分钟

序号	作业内容	配分	扣分原因	得分
1	目测冷却液泵体、带轮座情况	20		
2	检验轴承	10		
3	检验泵轮	20		
4	检验节温器	25		
5	检验水封好坏	10		
6	分数总计	85		
备注				

指导教师：　　　　　　　　　　　　　　　　　　　年　　月　　日

二、训练并思考(15 分)

1. 发动机冷却系正常工作温度在__________之间。试验表明，当发动机其他工况相同，冷却水温度降低到30℃时，汽缸磨损量要比温度为80℃时约大__________倍；当冷却水温度从90℃降到40℃时，耗油量增加__________，功率降低__________。

2. 简述对节温器的检验过程__________________________________。

当节温器损坏时，有人建议把它弃之，也不需更换新的，你认为有什么不妥____________________。

3. 训练过程中，你还发现什么问题吗？

检验五　调整气门间隙

得分：

一、训练记录、评分表

时间：　　时　　分至　　时　　分　　共　　分钟

序号	作业内容	配分	扣分原因	得分
1	调整前的工作	5		
2	用逐缸调整法调整	35		
3	用两次调整法调整	40		
4	调整完毕的收尾工作	5		
5	分数总计	85		
备注				

指导教师：　　　　年　　月　　日

二、训练并思考(15分)

1．气门间隙过大的危害有：____。

2．气门间隙过小的危害有：____。

3．现代轿车普遍采用可自动调节间隙的__________，因此，__________调整气门间隙，但教材中举了丰田车型的____等发动机，它们的气门间隙的调整是________________________________。

4．现代汽车多是__________机，它们的__________普遍增大，只能用__________调整气门间隙。

5．你还有需要帮助解答的问题吗？

项目9　发动机装配

装配内容一　曲柄连杆机构的装配

得分：

一、训练记录、评分表

时间：　　　时　　　分至　　　时　　　分　　　共　　　分钟

序号	作业内容	配分	扣分原因	得分
1	装配曲轴组件	20		
2	装配活塞连杆组	20		
3	安装活塞连杆	20		
4	安装中间轴	5		
5	安装飞轮	5		
6	组装、安装机油泵	10		
7	安装油底壳	5		
8	分数总计	85		
备注				

指导教师：　　　　　　　　　　　　　　　　年　　月　　日

二、训练并思考(15分)

1. 安装曲轴主轴承的注意事项有____。

2. 拧紧曲轴主轴承盖螺栓时应由____。

3. 安装曲轴止推片时，应保证________________________________。

4. 组装活塞连杆组时，应对准活塞上的____________和连杆上的____________。

5．安装活塞环时，对气环要分清____________，有“TOP”字样面____________，各环缺口应相互错开____________。

6．安装活塞连杆时，应____________护住连杆螺栓；推入前，应保证缸号与____________相符合，活塞、连杆标志应朝向曲轴____________。安装连杆盖时，要注意____________。

7．安装各种油封前，应在____________和____________涂少许润滑油。

8．简述装配曲轴的工艺内容。

9．总结装配曲轴的注意事项。

10．装配过程中，你还发现什么问题？

装配内容二　配气机构的装配

得分：

一、检验记录表

序号	检验内容	实测值	标准值	使用极限	处理意见
1	气门和气门导管配合间隙				
2	气门杆与汽缸盖上边缘距离				
3	液压挺柱自由行程				

二、训练记录、评分表

时间：　　　时　　　分至　　　时　　　分　　　　共　　　分钟

序号	作业内容	配分	扣分原因	得分
1	气门及导管配合检验、更换导管，安装气门油封	15		
2	安装气门和气门弹簧	5		
3	安装液压挺柱	5		
4	安装凸轮轴	15		
5	汽缸盖的安装	10		
6	气门室罩等的安装	5		
7	安装正时齿带机构	20		
8	安装进、排气歧管	5		
9	安装离合器总成	5		
10	分数总计	85		
备注				

指导教师：　　　　　　　　　　　　　　　　　　年　　月　　日

三、训练并思考(15 分)

1. 用百分表通过检测气门头部摆动量来检测气门与气门导管的配合间隙时，抽出气门

____。

2. 气门安装好后，检测气门杆与汽缸盖上边缘的距离 a 值的目的是＿＿＿＿＿＿＿＿。
3. 安放液压挺柱前应使其内部＿＿＿＿＿＿＿＿，目的是＿＿＿＿＿＿＿＿。
4. 安装凸轮轴时，第一缸凸轮必须＿＿＿＿＿＿＿＿，原因是＿＿＿＿＿＿＿＿。
5. 安装缸盖时，活塞可置于上止点吗？＿＿＿＿＿＿，原因是＿＿＿＿＿＿＿＿。
6. 安放汽缸垫时，应注意缸垫标有＿＿＿＿＿＿字样的一面应朝向＿＿＿＿＿＿。
7. 安放缸盖于缸体上之前，活塞不能置于上止点，而应该＿＿＿＿＿＿＿＿＿＿＿＿＿＿＿＿＿＿＿＿＿＿＿＿。
8. 桑塔纳发动机缸盖螺栓的拧紧要求是＿＿。
9. 安装正时齿轮和齿形带机构时，必须对准正时标记，它们是＿＿。
10. 检验正时齿形带松紧度的方法是＿＿＿＿＿＿＿＿＿＿＿＿＿＿＿＿＿＿＿＿＿＿＿＿。
11. 总结装配配气机构的注意事项。

12. 在装配过程中，你还发现什么问题？

项目10　发动机外部机件的组装

得分：

一、训练记录、评分表

时间：　　时　　分至　　时　　分　　共　　分钟

序号	作业内容	配分	扣分原因	得分
1	安装发动机上的冷却系部件	10		
2	安装点火系部件	10		
3	安装润滑系部件	10		
4	安装汽缸体外部件	10		
5	安装发电机	5		
6	安装发动机前端正时齿轮等部件	10		
7	安装进气管下体部件	10		
8	安装进气管上体部件	10		
9	安装排气歧管	5		
10	安装变速器和液力变矩器	5		
11	安装起动机	5		
12	分数总计	90		
备注				

指导教师：　　　　年　　月　　日

二、训练并思考(10分)

1. O形密封垫拆过以后____________________________。

2. 火花塞安装拧紧力矩为__________。有人说："火花塞的拧紧力矩大点小点无所谓"，这句话对吗？__________。为什么？____

____。

3. 高压线的安插顺序错乱会导致________________________________

____

____。

4. 安装新的机油滤清器时,应注意________________________________

____

____。

5. 爆震传感器的紧固力矩为__________,过小会造成__________________;过大会造成____。

6. 简述安装正时齿形带的步骤和要求。

7. 学习过程中,你还有哪些困难?

项目 11　发动机总成的吊装

得分：

一、训练记录、评分表

时间：　　　时　　　分至　　　时　　　分　　　共　　　分钟

序号	作业内容	配分	扣分原因	得分
1	吊装发动机	7		
2	安装变速器换挡操纵机构	2		
3	安装排气装置	5		
4	安装带轮、V 形皮带	8		
5	安装护罩、风扇、散热器总成，连接各冷却液管	10		
6	安装空气滤清器总成	3		
7	安装各电气元件连接插头	10		
8	安装油管	2		
9	安装连接各真空管	5		
10	安装节气门拉索	3		
11	安装自动变速器与发动机的连接件	10		
12	组装活性炭罐装置	5		
13	安装燃油泵	5		
14	安装燃油滤清器	5		
15	安装蓄电池，加注机油、冷却液，进行全面检查	10		
16	分数总计	90		
备注				

指导教师：　　　　　　　　　　　　　　　　　　　年　　月　　日

二、训练并思考(10 分)

1. 安装排气装置时的要求有＿＿＿＿＿＿＿＿＿＿＿＿＿＿＿＿＿＿＿＿＿＿＿＿

____
____
____。

2. 试写出检查 V 形皮带挠度的过程____
____
____。

3. 安装燃油滤清器时，应使____
____
____。

4. 怎样检查调整节气门拉索？

5. 你是如何检查发动机润滑油量的？

6. 添加冷却液时，应注意____
____
____
____
____。

7. 装配过程中，你还有哪些疑问？

模块三 离合器拆装及检验

项目 1 从车上拆下变速器和离合器总成

得分：

一、训练记录、评分表

时间： 时 分至 时 分 共 分钟

序号	作业内容	配分	扣分原因	得分
1	拆卸两壳体外表面的各种接线	10		
2	拆卸传动轴并支撑好	10		
3	分离内换挡杆与离合块	10		
4	拆下离合器盖板、排气管	15		
5	拆下起动机	10		
6	拆卸发动机与变速器及离合器的连接螺栓	15		
7	拆去变速器悬架支架	10		
8	取下变速器和离合器总成	15		
9	分数总计	95		
备注				

指导教师： 年 月 日

二、训练并思考(5 分)

1. 变速器与变速器操纵系统的连接部位在____。

2. 拧松离合器壳体与发动机的连接螺栓前，一定要____
____。

3. 拆卸过程中，你还有什么问题？

项目 2　离合器总成的拆卸与分解

得分：

一、训练记录、评分表

时间：　　　时　　　分至　　　时　　　分　　　　共　　　分钟

序号	作业内容	配分	扣分原因	得分
1	固定飞轮、定位离合器片	15		
2	拆压盘与飞轮连接螺栓，取下压盘和离合器摩擦片	15		
3	拆卸分离轴承	10		
4	分解分离叉轴处各零件	50		
5	分数总计	90		
备注				

指导教师：　　　　　　　　　　　　　　　　　　年　　月　　日

二、训练并思考(10 分)

1. 拆卸离合器总成前，定位离合器片的目的是____。

2. 拆卸离合器总成前，在离合器盖与飞轮上作装配记号的作用是____。

3. 拧松离合器压盘总成与飞轮的连接螺栓时，要求均匀地对角拧松的原因是____________________。

4. 在拆卸、分解过程中，你还发现什么问题？

项目3　离合器零件的检验

得分：

一、检验记录表

序号	检验内容	实测值	标准值	使用极限	处理意见
1	从动盘端面摆差				
2	从动盘外圆表面径向圆跳动				
3	压盘平面度				
4	膜片弹簧凹槽深度				
5	膜片弹簧凹槽宽度				
6	从动盘铆钉头深度				

二、训练记录、评分表

时间：　　　时　　　分至　　　时　　　分　　　　　共　　　分钟

序号	作业内容	配分	扣分原因	得分
1	离合器从动盘的检修	20		
2	检查离合器压盘总成	25		
3	离合器分离装置的检修	20		
4	离合器控制机构的检修	20		
5	分数总计	85		
备注				

指导教师：　　　　　　　　　　　　　　　　　　年　　月　　日

三、训练并思考(15分)

1. 当摩擦片铆钉几乎外露时，意味着____，此时需要____。

2. 摩擦片表面有油污时，会引起________________________________

____;
从动盘花键磨损严重，致使__________配合间隙过大时，应____________________。

3. 从动盘摆差过大，可能造成____
____
____。

4. 膜片弹簧的过度磨损，折断后会影响到____
____
____
____。

5. 如果分离轴承润滑不良，会____
____
____
____。

6. 总结检验离合器零件的注意事项。

7. 在检修过程中，你还有什么疑问？

项目4　离合器的装配

得分：

一、训练记录、评分表

时间：　　　时　　　分至　　　时　　　分　　　　共　　　分钟

序号	作业内容	配分	扣分原因	得分
1	安装从动盘	15		
2	安装离合器盖和压盘总成	25		
3	安装分离叉轴	25		
4	安装离合器拉索	5		
5	检查和调整离合器踏板	20		
6	分数总计	90		
备注				

指导教师：　　　　　　　　　　年　　月　　日

二、训练并思考(10分)

1. 安装离合器摩擦片时，插入一专用工具的作用是____。

2. 离合器盖及压盘安装时，需对齐飞轮上拆卸时的标记，目的是________________________，紧固离合器安装螺栓时，需________________________拧紧，目的是________________________。

3. 在组装离合器分离装置时，所有滑动处都应涂____。

4. 简述离合器踏板自由行程的调整要求及过程。

5. 谈谈装配过程中你发现的新问题。

项目5 离合器液压式操纵机构的拆、检、装、调

得分：

一、训练记录、评分表

时间： 时 分至 时 分 共 分钟

序号	作业内容	配分	扣分原因	得分
1	拆卸操纵机构	25		
2	操纵机构的零件检修	20		
3	装配操纵机构	20		
4	操纵机构的调整	15		
5	分数总计	80		
备注				

指导教师： 年 月 日

二、训练并思考(20分)

1. 简述离合器液压式操纵机构的工作过程。

2. 拆装离合器踏板助力器总成时，要用到的专用工具有______________________________。

3. 主缸(总泵)、工作缸(分泵)解体后，检查内容有______________________________
____
______________________________。

4. 分离轴承__________清洗，可__________。当轴承__________时必须更换。

5. 教材中离合器调整后的尺寸 a 应等于__________。离合器踏板自由行程约为__________mm。调整以后应使离合器踏板高于制动踏板约__________mm。

6. 你还有什么疑问吗？

模块四 手动变速器拆装及检验

项目 1 手动变速器换挡操纵机构的拆卸与分解

得分:

一、训练记录、评分表

时间: 时 分至 时 分 共 分钟

序号	作业内容	配分	扣分原因	得分
1	拆卸换挡手柄、防尘罩、仪表板	10		
2	拆卸变速杆支架	15		
3	拆卸变速杆	20		
4	拆卸换挡操纵杆	20		
5	分解换挡杆接合器	25		
6	分数总计	90		
备注				

指导教师: 年 月 日

二、训练并思考(10 分)

1. 桑塔纳轿车手动变速器换挡操纵机构主要由____等几大部分组成。

2. 分解变速杆支架的步骤是________________

____
____
____
____。

3. 你观察了换挡杆接合器吗？__________(是或不是)有何特点__________
____
____
____。

4. 分解、拆卸过程中,你有何新发现?

5. 总结手动变速器换挡操纵机构在拆卸与分解过程中的注意事项。

项目 2　手动变速器的分解

得分：

一、训练记录、评分表

时间：　　　时　　　分至　　　时　　　分　　　　共　　　分钟

序号	作业内容	配分	扣分原因	得分
1	放掉手动变速器内齿轮油	5		
2	拆卸后盖	5		
3	拆卸小互锁销	5		
4	拆卸输出轴后端螺母、输入轴挡圈、垫片	5		
5	取出输入轴总成	5		
6	拆卸倒挡齿轮	5		
7	取出输出轴总成	10		
8	拆卸各拨叉轴及定位装置	10		
9	分解输入轴总成	15		
10	分解输出轴总成	15		
11	分解后盖	10		
12	分数总计	90		
备注				

指导教师：　　　　　　　　　　　　年　　月　　日

二、训练并思考(10 分)

1. 收集变速器齿轮油时应目测或用手捻一滴齿轮油,其目的是____

____

2. 取出小互锁销时,需要注意:____

____。

3. 没有支撑桥时,拆卸输入轴后轴承有何方法,需要注意什么________________________

____。

4. 分解同步器时,应当将各部件__________摆放,以免混乱。
5. 拆卸异形弹簧时记住__________,以免安装时不能正确到位。
6. 手动变速器在分解过程中的注意事项有哪些?

7. 分解过程中,你还有什么问题和建议?

项目3　手动变速器零件的检验

得分：

一、检验记录表

序号	检验内容	实测值	标准值	使用极限	处理意见
1	输入轴后轴承与座孔配合间隙				
2	输出轴后轴承与座孔配合间隙				
3	输入轴中间轴承与座孔配合间隙				
4	输出轴前轴承与座孔配合间隙				
5	前壳体后平面的平面度误差				
6	后壳体前平面的平面度误差				
7	后壳体后平面的平面度误差				
8	后盖前平面的平面度误差				
9	后盖衬套与内选挡杆配合间隙				
10	输入轴上与轴制成一体的齿轮的磨损				
11	各轴上可以取下的齿轮的磨损				
12	输入轴径向圆跳动				
13	输出轴径向圆跳动				
14	输入轴上三挡齿轮间隙				
15	输入轴上四挡齿轮间隙				
16	输出轴一挡齿轮间隙				
17	输出轴二挡齿轮间隙				
18	输出轴三挡齿轮间隙				
19	输出轴四挡齿轮间隙				
20	输入轴后轴承与轴颈配合间隙				
21	输出轴前轴承与轴颈配合间隙				
22	输出轴后轴承与轴颈配合间隙				
23	一、二挡同步器锁环端隙				
24	三、四挡同步器锁环端隙				
25	一、二挡同步器花键毂与接合套配合间隙				
26	三、四挡同步器花键毂与接合套配合间隙				
27	一、二挡拨叉轴直线度				
28	一、二挡拨叉轴轴颈与孔配合间隙				
29	三、四挡拨叉轴直线度				
30	三、四挡拨叉轴轴颈与孔配合间隙				
31	倒挡拨叉轴直线度				
32	倒挡拨叉轴轴颈与孔配合间隙				
33	一、二挡拨叉轴与槽配合间隙				
34	三、四挡拨叉轴与槽配合间隙				

二、训练记录、评分表

时间：　　　时　　　分至　　　时　　　分　　　共　　　分钟

序号	作业内容	配分	扣分原因	得分
1	变速器壳体的检修	5		
2	变速器输入轴总成零件的检修	15		
3	变速器输出轴总成零件的检修	15		
4	输入轴上轴承的检修	15		
5	输出轴上轴承的检修	15		
6	同步器的检修	15		
7	换挡操纵机构的检修	10		
8	分数总计	90		
备注				

指导教师：　　　　　　　　　　　　　　　年　　月　　日

三、训练并思考(10 分)

1. 变速器壳体上的较小砂眼可以用＿＿＿＿＿＿修理。

2. 变速器壳体上轴承孔磨损超限使轴承与其配合间隙大于＿＿＿＿＿＿时，应＿＿＿＿＿＿，而不能用＿＿＿＿＿＿修理。

3. 壳体间各油封及密封衬垫一经拆卸，＿＿＿＿＿＿＿＿＿＿＿＿＿＿＿＿＿＿＿＿。

4. 输入输出轴轴颈和花键磨损时，可采用＿＿＿＿＿＿进行修理。齿轮与轴颈配合间隙过大时，也可采用在轴颈上＿＿＿＿＿＿进行处理。

5. 检查滚珠轴承磨损情况时，一般可通过目测和经验法检验，目测检查内容包括＿＿＿；通过经验法检验时，可用左手握住轴承内圈，用右手拨动外圈，看轴承是否有＿＿＿＿＿＿现象，同时可用手感觉轴承内、外座圈之间的＿＿＿＿＿＿或＿＿＿＿＿＿间隙是否过大。

6. 同步器主要损伤是＿＿＿＿＿＿、＿＿＿＿＿＿、＿＿＿＿＿＿三处的磨损。

7. 锁环内锥面磨损过度时，将会＿＿。

8. 检验过程中，你还有何疑问？

项目4　手动变速器的组装

得分：

一、训练记录、评分表

时间：　　　时　　　分至　　　时　　　分　　　共　　　分钟

序号	作业内容	配分	扣分原因	得分
1	输出轴总成的组装	15		
2	输入轴总成的组装	15		
3	安装轴承、壳体	5		
4	安装各变速叉轴自锁和互锁装置	10		
5	安装倒挡齿轮及传动臂	5		
6	确定变速器后盖密封及选择调整垫片	15		
7	安装变速器后盖	15		
8	加注齿轮油	5		
9	分数总计	85		
备注				

指导教师：　　　　　　　　　　　　　　　　　年　　月　　日

二、训练并思考(15分)

1. 组装输入、输出轴上各齿轮时，一定要注意安装＿＿＿＿＿＿和＿＿＿＿＿＿，一般可以这样简单判断，在输入轴上，从前往后依次是四挡至一挡主动齿轮，大小顺序为从＿＿＿＿＿＿到＿＿＿＿＿＿；而输出轴上，从前往后依次是＿＿＿＿＿＿从动齿轮，大小顺序为从＿＿＿＿＿＿到＿＿＿＿＿＿。

2. 组装同步器时，同步器接合套上3个凹口处有3个凹陷的内齿，安装过程中，应使＿＿＿＿＿＿吻合，这样便于装滑块；安装滑块弹簧时，弹簧弯钩的一端应嵌入＿＿＿＿＿＿＿＿＿。安装一、二挡同步器花键毂时，花键毂有槽的一面及接合套有变速叉槽的一侧应＿＿＿＿＿＿一挡齿轮。

3. 安装好输出轴前轴承外圈后，注意不要忘记压入或敲入____________定位。

4. 变速叉轴上弹性销的安装方向，应使其缺口与拨叉轴轴线____________。

5. 选择变速器后盖密封及调整垫片的目的是对输出轴____。

6. 安装异形弹簧的步骤是____。

7. 加注变速器齿轮油时，油量的检查方法是____。

8. 变速器组装过程中，你还有何疑问？

9. 总结组装手动变速器的技术要点。

项目5　手动变速器换挡操纵机构的装配与调整

得分：

一、训练记录、评分表

时间：　　时　　分至　　时　　分　　共　　分钟

序号	作业内容	配分	扣分原因	得分
1	组装换挡接合器	20		
2	安装支撑杆	10		
3	组装变速杆壳体	15		
4	组装变速杆	10		
5	变速杆操纵性能检查	10		
6	变速杆的调整	25		
7	分数总计	90		
备注				

指导教师：　　　　年　　月　　日

二、训练并思考(10分)

1. 变速杆操纵性能的检查步骤是____。

2. 对变速杆进行微调时，松开换挡杆支架与变速杆壳体的紧固螺栓，将换挡杆支架从侧面________推移。支架向左移动，第一挡的弹簧压缩量________，反之亦然。

3. 对变速杆进行基准调整，是在________达不到目的，或者在修理过程中曾松开过换挡杆与________时进行的，进行调整，必须用专用工具________________。

4. 你对本项目的学习还有疑问吗？

模块五　自动变速器拆装及检验

项目1　大众车用自动变速器简介

得分：

学习并思考(100分)

1. 教材中列举了哪些大众车型装备的哪些自动变速器______________________________，你知道(了解)的其他自动变速器有______________________________。

2. 试画出01M自动变速器施力装置位置图。

3. 试述01M自动变速器各离合器、制动器的名称及作用。

4. 简述液控自动变速器的工作原理。

5. 简述电控自动变速器的工作原理。

6. 写出01M自动变速器在各挡位时的动力传递路径。

7. 叙述液控自动变速器与电控自动变速器的区别及特点。

项目 2　自动变速器的吊卸

得分：

一、训练记录、评分表

时间：　　　　时　　　　分至　　　　时　　　　分　　　　　　共　　　　分钟

序号	作业内容	配分	扣分原因	得分
1	举升车辆	5		
2	放自动变速器油	5		
3	拔电器元件连接插头	30		
4	拆变速杆拉索	5		
5	拆下起动机	5		
6	拆卸各支架螺栓	15		
7	拆卸左右驱动轴连接螺栓并固定好驱动轴	10		
8	拆卸发动机与变速器的连接螺栓	10		
9	固定液力变矩器，放下自动变速器	5		
10	分数总计	90		
备注				

指导教师：　　　　　　　　　　　　　　　　　　　　　　　　年　　月　　日

二、训练并思考（10 分）

1. 放出自动变速器油的时候，应注意油的＿＿＿＿＿＿，从中判断＿＿＿＿＿＿。

2. 01M 自动变速器电控部分所用的车速传感器 G68 与变速器转速传感器 G38 外形相似，但安装位置分别是＿＿＿＿＿＿＿＿＿＿＿＿＿＿＿＿＿＿＿＿＿＿＿＿＿＿＿＿＿；插头颜色分别是＿＿＿＿＿＿＿＿＿＿＿＿＿＿＿＿＿＿＿＿＿＿＿＿。

3. 请写出 01M 自动变速器电器元件的名称及符号＿＿＿＿＿＿＿＿＿＿＿＿

____

____。

4. 用吊车将自动变速器从车上放下时,液力变矩器应______________________________
____________,同时需注意____
____。

5. 训练过程中,你还有什么疑问?

6. 总结吊卸自动变速器的注意事项。

项目3 换挡操纵机构的分解、检验及组装

得分:

一、训练记录、评分表

时间: 时 分至 时 分 共 分钟

序号	作业内容	配分	扣分原因	得分
1	拆卸变速杆手柄、护板、保护条、变速杆护套	5		
2	拆卸中央副仪表板	5		
3	拆卸锁止拉索	5		
4	拆下变速杆拉索	5		
5	拆卸并分解变速杆总成	15		
6	变速杆拉索的检查、调整、安装	15		
7	组装变速杆	15		
8	变速杆锁止电磁阀 N110 的调整及功能检查	5		
9	安装中央副仪表板	5		
10	安装、调整锁止拉索	10		
11	安装变速杆手柄、护板、保护条、变速杆护套	5		
12	分数总计	90		
备注				

指导教师: 年 月 日

二、训练并思考(10 分)

1. 变速杆锁止电磁阀的作用是______________________________。

2. 简述变速杆拉索检查调整的过程。

3. 简述变速杆锁止电磁阀 N110 的调整方法和功能检查步骤。

4. 简述拔下点火钥匙后锁止机构的检查和调整过程。

5. 训练过程中,你还有什么疑问?

项目 4　自动变速器外围件的拆卸，油泵的分解、检验、组装及液力变矩器的检修

一、检验记录表

得分：

序号	检验内容	实测值	标准值	处理意见
1	油泵外齿轮轴与壳体的径向间隙			
2	油泵轮齿与泵体月牙台之间的间隙			
3	油泵主、从动齿轮的端面间隙			

二、训练记录、评分表

时间：　　　时　　　分至　　　时　　　分　　　　共　　　分钟

序号	作业内容	配分	扣分原因	得分
1	拆卸自动变速器油冷却器和加油管	5		
2	拆卸传感器、里程表轴、通气孔帽、线束支架	10		
3	拆卸自动变速器油底壳、密封垫、油滤网、操纵杆、阀体	15		
4	拆卸油泵	5		
5	分解油泵	15		
6	油泵的检验	10		
7	组装油泵、检查内齿轮转动情况	20		
8	检查液力变矩器单向离合器	5		
9	分数总计	85		
备注				

指导教师：　　　　　　　　　　　　　　　　年　　月　　日

三、训练并思考(15 分)

1. 油泵的作用是＿＿

____

____。

2. 液力变矩器的作用是____________________________________

____

____

____

____________。当已达到锁止条件，其内部的锁止离合器____________，能实现______

____。

3. 自动变速器油冷却器的作用是______________________________

__________。冷却器接口胶管泄露时，会导致____________________

____

____。

4. 简述从变速器壳体内拆下油泵的过程和方法__________________

____

____

____。

5. 简述油泵导轮支座上密封圈拆下的方法及注意事项____________

____

____

____

____。

6. 简述拆下活塞上○形密封圈的方法____________________________

____

____

____

____。

7. 写出油泵齿轮各检验项目、标准值、极限值______________________

____

____

____

____

____。

8. 油泵内外齿轮安装时，应注意______________________________

____

____

____

____

____。

9. 密封环安装时,____________(可以,不可以)单边入槽。

10. 油泵组装好后,检查内齿轮转动情况的方法是____。

11. 简述液力变矩器内单向离合器的检查方法____。

12. 总结油泵检验、组装的技术要点。

13. 简述液力变矩器检修注意事项。

14. 训练过程中,你还有什么疑问?

项目5　自动变速器传动控制执行机构的分解、检验及组装

实训一　自动变速器传动控制执行机构的分解

得分：

一、训练记录、评分表

时间：　　时　　分至　　时　　分　　共　　分钟

序号	作业内容	配分	扣分原因	得分
1	拔出所有离合器	5		
2	取出K3离合器及小输入轴	5		
3	拔出大输入轴、大太阳轮	5		
4	拆卸单向离合器	5		
5	拔出B1(片式制动器)内外片及行星齿轮支架	5		
6	分解行星齿轮支架,取出小太阳轮	10		
7	分解1挡/3挡离合器K1	15		
8	分解倒挡离合器K2	15		
9	分解带涡轮轴的4挡离合器K3	15		
10	分解带B1活塞的单向离合器	10		
11	分数总计	90		
备注				

指导教师：　　　　年　　月　　日

二、训练并思考(10分)

1. 教材中将01M自动变速器传动控制执行机构分为4大部分,分别是＿＿＿＿＿＿＿＿＿＿＿＿＿＿＿＿＿＿＿＿＿＿＿＿＿＿＿＿＿＿。

2. 用细铁丝将拆下的同组片子或轴承打结扎好,目的是＿＿＿＿＿＿＿＿＿＿＿＿＿＿＿＿＿＿

____。

3. 拆卸单向离合器前,应先拆下____

____。

4. 分解行星齿轮支架的步骤是____

____

____

____

____。

5. 用专用工具压下活塞盖时,为防止____________,要求______________________________

____

____。

6. 拆活塞的方法有两种,一是____

____________,二是____

____。

7. 分解倒挡离合器 K2,在用压具压缩活塞盖拆下弹性挡圈时,一定不能将 K2 离合器壳体底部的____________靠在支撑板上。

8. 学习过程中,你还有什么疑问?

9. 简述自动变速器传动控制执行机构在检验和组装过程中的注意事项。

实训二　自动变速器传动控制执行机构零件的检验

得分：

一、训练记录、评分表

时间：　　时　　分至　　时　　分　　共　　分钟

序号	作业内容	配分	扣分原因	得分
1	检验各推力轴承	5		
2	检验密封圈	5		
3	检验各组钢片、摩擦片	20		
4	检验各组活塞、活塞盖、活塞复位弹簧	20		
5	检查离合器鼓单向球阀	5		
6	检查离合器鼓、大小输入轴、大小太阳轮滑转接触面	10		
7	检查单向离合器弹簧保持架	5		
8	检查行星齿轮架	10		
9	检查各齿轮状况	10		
10	分数总计	90		
备注				

指导教师：　　　　年　　月　　日

二、训练并思考(10 分)

1. 推力滚针轴承的检验方法和过程是____
____
____
____
____。

2. 摩擦片的检验方法是 ____

____

____

____

____。

3. 检查离合器毂壳体底部单向阀球活动情况的方法是 ____________________

____

____

____

____。

4. 学习过程中,你还有什么疑问?

5. 总结自动变速器传动控制执行机构零件检验的注意事项。

实训三　自动变速器传动控制执行机构的组装与调整

得分：

一、检验记录表

序号	检验内容	实测值	间隙 $X=$	选择的调整垫圈（垫片）厚度(mm)
1	制动器 B1 的测量与调整，调整垫圈厚度计算公式：$X=K+m/2-I$	$K=$ $m=$ $I=$		
2	行星齿轮支架的测量与调整			
3	调整离合器 K1 与 K2 之间的间隙，调整垫圈厚度计算公式：$X=a-b$	$a=$ $b=$		
4	制动器 B2 的测量与调整，调整垫圈厚度计算公式：$X=a-b-3.2$	$a=$ $b=$		

二、训练记录、评分表

时间：　　时　　分至　　时　　分　　共　　分钟

序号	作业内容	配分	扣分原因	得分
1	组装带 B1 活塞的单向离合器	5		
2	组装离合器 K1	5		
3	组装离合器 K2	5		
4	组装离合器 K3	5		
5	组装行星齿轮总成，安装、调整行星齿轮支架	15		
6	安装、调整制动器 B1	10		
7	安装单向离合器	5		
8	安装从大太阳轮到小输入轴之间的零件到变速器壳体中	5		
9	安装离合器 K3	5		
10	安装、调整离合器 K1	10		
11	安装离合器 K2	5		
12	安装、调整制动器 B2	10		
13	安装油泵	5		
14	分数总计	90		
备注				

指导教师：　　　　年　　月　　日

三、训练并思考(10分)

1. 组装传动控制执行机构前,应将摩擦片放进____________浸泡,新片浸泡____________min,旧片浸泡____________min。

2. 安装单向离合器的弹簧和辊子时,应将保持架的____________朝向外环定位楔面。

3. 拆卸推力滚针轴承及其垫圈时,应记住____________和____________,安装时,按原____________和____________装回。为避免脱落,安装前,应在推力滚针轴承及其垫圈表面涂抹____________。

4. 叙述行星齿轮支架调整过程。

5. 训练过程中,你还有什么疑问?

实训四　停车锁止装置的分解与组装

得分：

一、训练记录、评分表

时间：　　　时　　　分至　　　时　　　分　　　共　　分钟

序号	作业内容	配分	扣分原因	得分
1	拆下变速器操纵杆	5		
2	拆下选挡换挡轴	10		
3	拆下从动齿轮、锁止齿轮轴承盖	10		
4	拆下支撑板、导板	10		
5	拆下复位弹簧，取出停车锁止机构所有零件	10		
6	安装停车锁止机构	45		
7	分数总计	90		
备注				

指导教师：　　　　　　　　　　　　　年　　月　　日

二、训练并思考（10 分）

1. 用螺丝刀撬出带槽杠杆轴上的弹性挡圈时，应注意____。
2. 安装导板和支撑板时，导板应装到支撑板的________________。
3. 安装停车锁止齿轮时，其倒圆角面应朝向________________。
4. 学习过程中，你遇到什么困难？

项目 6　阀体的分解、检验及组装

实训一　阀体的分解

得分：

一、训练记录、评分表

时间：　　　时　　　分至　　　时　　　分　　　　共　　　分钟

序号	作业内容	配分	扣分原因	得分
1	拆下传输线	10		
2	拆下阀体	10		
3	拆卸、分解阀体盖及上隔板	15		
4	拆卸下隔板	5		
5	分解主阀体	45		
6	分数总计	85		
备注				

指导教师：　　　　　　　　　　　　　　　年　　月　　日

二、训练并思考(15 分)

1. 阀体的作用是____。

2. 01M 自动变速器阀体中有__________个阀，分别是______________________________

____。

3. 拆电磁阀的插头时，应用____________小心撬出。

4. 移开阀体盖板和隔板时，应____。

5. 对未曾拆过的自动变速器，在分解阀体时，最好用数码相机拍下阀体油道中____________的具体位置或做好记录，以便安装时不错乱。

6. 学习过程中，你还有什么问题？

7. 总结阀体分解注意事项。

8. 简述阀体清洁技术要点。

实训二 阀体的检验

得分：

一、训练记录、评分表

时间：　　时　　分至　　时　　分　　共　　分钟

序号	作业内容	配分	扣分原因	得分
1	检测电磁阀	10		
2	检测传输线	10		
3	检测油温传感器 G93	5		
4	检查各阀柱、弹簧、柱塞	35		
5	检查阀板	10		
6	检查隔板	5		
7	检查各单向阀球	10		
8	分数总计	85		
备注				

指导教师：　　　　年　　月　　日

二、训练并思考(15 分)

1. 01M 自动变速器阀体中有________个电磁阀，分别是________________，各电磁阀规定的电阻是____________________________。

2. 简述检验电磁阀工作情况的方法____。

3. 变速器油温传感器 G93 是 1 个__________电阻,其电阻值随着 ATF 温度的升高而__________,约在 60℃时,阻值为__________;温度约 120℃时,阻值为__________。

4. 简述检查阀柱在阀孔中运动情况的方法____。

5. 学习过程中,你还有什么疑问?

6. 简单总结阀体检验注意事项。

实训三　阀体的组装

得分：

一、训练记录、评分表

时间：　　时　　分至　　时　　分　　共　　分钟

序号	作业内容	配分	扣分原因	得分
1	在主阀体中组装各阀	45		
2	安装单向阀球等小零件	15		
3	组装连接阀盖、隔板、阀体	15		
4	安装各电磁阀插头	5		
5	安装手动阀	5		
6	安装 B1 密封圈	5		
7	分数总计	90		
备注				

指导教师：　　　　年　　月　　日

二、训练并思考(10 分)

1. 安装阀板、隔板时，一定要对好____________________。
2. 安装钢珠、小弹簧、小滤网等零件前，应先涂抹____________________。
3. 安装阀柱前，将它浸润自动变速器油的目的是____。
4. 安装各阀时，一定要按阀柱、弹簧、柱塞等的__________和__________安装。
5. 学习过程中，你还有什么疑问？

项目7　自动变速器的组装

得分：

一、训练记录、评分表

时间：　　时　　分至　　时　　分　　共　　分钟

序号	作业内容	配分	扣分原因	得分
1	安装手动阀操纵杆	10		
2	安装阀体	10		
3	安装传输线	10		
4	安装油滤网、密封垫、油底壳	10		
5	安装变速器壳体上的电器元件	15		
6	安装通风装置	5		
7	安装加油管、油塞、油塞盖	10		
8	安装液力传动油冷却器	5		
9	安装液力变矩器	10		
10	分数总计	85		
备注				

指导教师：　　　　年　　月　　日

二、训练并思考(15分)

1. 阀体安装螺栓的拧紧力矩为________________。
2. 更换油底壳密封垫时,别忘记装上旧的________________。
3. 安装油底壳前,应检查油底壳内的__________是否在正确位置。
4. 将液力变矩器安装到变速器壳内时,应注意________________
________________。
5. 训练过程中,你还有什么疑问?

项目 8　自动变速器的吊装

得分：

一、训练记录、评分表

时间：　　时　　分至　　时　　分　　共　　分钟

序号	作业内容	配分	扣分原因	得分
1	安装变速器托架，并将变速器固定到托架上	15		
2	压靠液力变矩器	5		
3	安装变速器与发动机连接螺栓	5		
4	安装变速器总成左右悬置支架	10		
5	安装前支架	5		
6	安装冷却器胶管	5		
7	插上各电器元件插头	20		
8	安装变速杆拉索	5		
9	检查、添加自动变速器油	20		
10	分数总计	90		
备注				

指导教师：　　　　年　　月　　日

二、训练并思考（10 分）

1. 安装固定液力变矩器与曲轴驱动板连接螺栓时，要分两步，原因是____。

2. 安插变速器转速传感器 G38 和车速传感器 G68 的插头时，不能__________，否则会对自动变速器人为设置故障。

3. 写出 01M 自动变速器行星齿轮系润滑油加注量____。

4. 简述 01M 自动变速器加油步骤、油平面检查步骤。

5. 学习过程中，你还有什么疑问？

模块六 主减速器、差速器及后轮驱动式传动轴的拆装与调整

项目1 主减速器、差速器及后轮驱动式传动轴的拆卸

得分：

一、训练记录、评分表

时间： 时 分至 时 分 共 分钟

序号	作业内容	配分	扣分原因	得分
1	拆卸传动轴	25		
2	拆卸左右半轴	25		
3	放出主减速器和差速器润滑油	10		
4	拆卸主减速器和差速器	25		
5	分数总计	85		
备注				

指导教师： 年 月 日

二、训练并思考(15分)

1. 拆卸后轮驱动的传动轴时，在拆开各接合件前，做装配记号的目的是____。

2. 拆卸半轴时，拧入两个修理螺栓的作用是________________________。

3. 半轴凸缘连接螺栓使用锥形垫圈的目的是________________________。

4. 平行抽出半轴的目的是为了防止________________________损坏。

5. 微型车系列在拆卸左、右半轴时，应将__________同半轴一起拉出。

6. 主减速器和差速器放出的润滑油液颜色是__________，数量大概有__________L，有无杂质__________，能否继续使用__________。

7. 在拆卸过程中，你还发现什么问题？

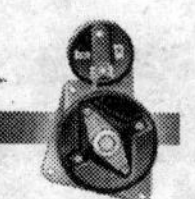

项目2　后轮驱动十字轴式传动轴的分解、检验及装配

得分：

一、检验记录表

序号	检验内容	实测值	标准值	处理意见
1	传动轴中间轴圆度			
2	十字轴承轴向间隙（分解前）			
	（装配后）			
3	十字轴承径向间隙（分解前）			
	（装配后）			
4	中央支撑轴承轴向间隙（分解前）			
	（装配后）			

二、训练记录、评分表

序号	作业内容	配分	扣分原因	得分
1	分解传动轴	5		
2	检验传动轴和十字轴承	15		
3	十字轴承的分解	20		
4	装配十字轴承	30		
5	更换中央支撑轴承	10		
6	分数总计	80		
备注				

指导教师：　　　　　　　　　　　　　　　　年　　月　　日

三、训练并思考（20分）

1. 分解传动轴和十字轴承时，在接合处和其对应部分作装配记号的目的是____________________________________。

2. 在检查十字轴承和中央支撑轴承时，要求其轴向和径向间隙应小于0.05mm，否则更换轴承。若轴承间隙过大,继续使用将会造成____。

3. 检查传动轴中间圆度是否大于极限值0.8mm的目的是____。

4. 安装十字轴时,其润滑脂嘴螺纹接口孔的朝向按规定预留的目的是____。

5. 在装配十字轴承时,十字轴承的轴向间隙由____________________来保证,径向间隙由____________来保证。同轴上、下两个开口环厚度如果不相同会造成____。

6. 中央支撑轴承防尘套排水孔面向底部的目的是____________________。

7. 完成本项目后,你还有什么不清楚的问题?

8. 总结后轮驱动十字轴式传动轴的分解、检验及装配技术要点。

项目3　主减速器和差速器的检查分解

得分：

一、检验记录表

序号	检验内容	实测值	标准值	处理意见
1	从动锥齿轮圆度			
2	从动锥齿轮间隙			
3	从动锥齿轮接触情况			
4	主动锥齿轮上的预载荷(起动时) (转动时)			
5	主动锥齿轮后轴承			
6	左边轴承			
7	右边轴承			
8	差速器齿轮啮合间隙			

二、训练记录、评分表

时间：　　　时　　　分至　　　时　　　分　　　　共　　　分钟

序号	作业内容	配分	扣分原因	得分
1	从动锥齿轮圆度、齿轮间隙接触情况检查	25		
2	主动锥齿轮预载荷检查	5		
3	拆卸主动锥齿轮后轴承、边轴承	10		
4	检查轴承	5		
5	装配轴承	15		
6	更换从动锥齿轮	5		
7	检查调整差速器	20		
8	分数总计	85		
备注				

指导教师：　　　　　　　　　　　　　　　　　　年　　月　　日

三、训练并思考(15 分)

1. 在未对主减速器和差速器进行分解前,检查从动锥齿轮圆度,从动锥齿轮间隙,从动锥齿轮接触情况和主动锥齿轮的预载荷的目的是____。

2. 检查从动锥齿轮间隙时,测量 3 ~4 个不同地方的齿轮间隙是为了____。

3. 主动锥齿轮上的预载荷过大,说明________________________________。

4. 更换新的从动锥齿轮时,将其加热到 100℃后装配的目的是____。

5. 平均地、逐次地拧紧从动锥齿轮与差速器壳的固定螺栓是为了____。

6. 调整差速器齿轮啮合间隙时,增加侧向压力垫圈的厚度,会使啮合间隙__________。

7. 在此项目中,你还发现了什么问题?

项目 4　主减速器和差速器的装配与调整

得分：

一、训练记录、评分表

时间：　　　时　　　分至　　　时　　　分　　　　共　　　分钟

序号	作业内容	配分	扣分原因	得分
1	装配调整主动锥齿轮	10		
2	安装差速器总成	10		
3	调整侧边轴承预紧度	20		
4	调整从动锥齿轮间隙	10		
5	调整从动锥齿轮和主动锥齿轮的齿面接触印痕	40		
6	分数总计	90		
备注				

指导教师：　　　　　　　　　　　　　　　　　　　年　　月　　日

二、训练并思考(10 分)

1. 当减少主动锥齿轮轴承调整垫片厚度时，轴承预紧度＿＿＿＿＿＿＿＿＿＿＿＿。

2. 调整从动锥齿轮齿隙时，在主动锥齿轮侧的调整螺母上进行是为了＿＿＿。

3. 调整从动锥齿轮与主动锥齿轮接触印痕时的调整口诀为＿＿＿＿＿＿＿＿＿＿＿＿调整时，主要是改变＿＿＿＿＿＿、＿＿＿＿＿＿、＿＿＿＿＿＿厚度的方法进行。

4. 当调整了接触印痕后，＿＿＿＿＿＿也将会随之变化。

5. 从动锥齿轮面的正常接触情况是＿＿。

6. 通过本项目训练，你有什么体会和建议？

项目5　安装传动轴、主减速器和差速器

得分：

一、训练记录、评分表

时间：　　时　　分至　　时　　分　　　共　　分钟

序号	作业内容	配分	扣分原因	得分
1	安装前轮驱动的主减速器和差速器总成	20		
2	连接变速器换挡操纵机构	10		
3	连接前轮驱动式传动轴	10		
4	安装后轮驱动式主减速器和差速器	15		
5	安装半轴	10		
6	安装传动轴中央轴承	20		
7	分数总计	85		
备注				

指导教师：　　　　　　　　年　月　日

二、训练并思考(15分)

1. 在安装变速器、主减速器和差速器时，一定注意按规定加注________。

2. 吊装变速器时，使变速器处于空挡位置的目的在于________________。

3. 传动轴与变速器相连或安装中央支撑轴承时，先不拧紧螺栓，起动发动机，使驱动轮在各个挡位各种转速下运转1min，熄火，再拧紧螺栓。这样做的目的是________。

4. 安装前驱动变速器总成时，变速器与其他部件的连接螺栓暂不拧紧，待前部螺栓安装完成后再一次全部拧紧，这样做是为了________________。

5. 安装传动轴时对正装配记号是为了保证________。

6. 你还发现了什么问题？

模块七　转向系拆装及检验

项目1　齿轮齿条式动力转向器的拆卸与分解

得分：

一、训练记录、评分表

时间：　　　时　　　分至　　　时　　　分　　　　共　　　分钟

序号	作业内容	配分	扣分原因	得分
1	拆卸转向器总成	35		
2	分解转向器总成	50		
3	分数总计	85		
备注				

指导教师：　　　　　　　　　　　　年　　月　　日

二、训练并思考(15分)

1. 转向轴与转向器之间用万向节连接是因为＿＿＿＿＿＿＿＿＿＿＿＿＿＿。
2. 分解球头杆时，在球头杆与齿条接头上作配对标记是为了＿＿＿＿＿＿＿＿＿＿＿＿＿＿＿＿＿＿＿＿＿＿＿＿＿＿＿＿＿＿。
3. 在抽出齿条时，不能转动齿条是因为＿＿＿＿＿＿＿＿＿＿＿＿＿＿。
4. 你还有什么问题？

项目2　齿轮齿条式动力转向器零件的检验

得分：

一、检验记录表

时间：　　时　　分至　　时　　分　　共　　分钟

序号	检验内容	实测值	标准值	处理意见
1	齿条径向跳动			
2	轴承座			
3	轴承			
4	油封			
5	小齿轮及齿条			

二、训练记录、评分表

时间：　　时　　分至　　时　　分　　共　　分钟

序号	作业内容	配分	扣分原因	得分
1	检验齿条和小齿轮	30		
2	检验轴承和轴承座	40		
3	检验油封	15		
4	分数总计	85		
备注				

指导教师：　　　　年　　月　　日

三、训练并思考(15 分)

1. 齿条径向跳动过大会造成＿＿＿＿＿＿＿＿＿＿。齿条后表面的磨损是由＿＿＿＿＿＿＿＿＿＿造成的。

2. 更换小齿轮下轴承时将其放入油中加热至80℃是为了＿＿＿＿＿＿＿＿＿＿。

3. 动力转向器油封损坏会造成＿＿＿＿＿＿＿＿＿＿。

项目3 齿轮齿条式动力转向器的组装

得分：

一、训练记录、评分表

时间： 时 分至 时 分 共 分钟

序号	作业内容	配分	扣分原因	得分
1	转向器的润滑	5		
2	安装齿条隔套和油封	5		
3	组装齿条	10		
4	安装油封	10		
5	装限位螺栓套	5		
6	装控制阀	10		
7	装齿条导套、弹簧、弹簧帽	5		
8	调整齿条和小齿轮之间的预紧力	5		
9	装齿条导套弹簧帽的锁紧螺母	5		
10	装内齿垫圈和齿条接头	5		
11	装齿条防护罩	5		
12	安装左、右压力管	5		
13	安装横拉杆	5		
14	安装转向器总成	10		
15	分数总计	90		
备注				

指导教师： 年 月 日

二、训练并思考(10分)

1. 调整小齿轮总预紧力之前，使小齿轮处于齿条的中间位置进行调整的目的是____。

2. 小齿轮总预紧力由____________和____________两部分组成。

3. 把球头杆旋入齿条接头时，应使原来所作的配对标记对正和左右拉杆所露螺纹长度相等，这样做的目的是________________________________。

4. 把转向拉杆球头和转向节臂相连，并拧紧螺母后，千万不要忘记装____。

5. 在本项目中，你觉得还应注意什么问题？

6. 总结齿轮齿条式动力转向器的组装技术要点。

项目4　转向盘、转向柱及转向柱管的拆装

得分：

一、训练记录、评分表

时间：　　　时　　　分至　　　时　　　分　　　　　共　　　分钟

序号	作业内容	配分	扣分原因	得分
1	拆卸转向盘	10		
2	拆卸转向柱壳体和组合开关	10		
3	安装转向柱管支架和柱管	15		
4	装配并安装转向柱	10		
5	安装转向盘并调整转向盘自由行程	15		
6	检查调整转向角	20		
7	分数总计	80		
备注				

指导教师：　　　　　　　　　　　　　　　　　　年　　月　　日

二、训练并思考(20分)

1. 在图7-70中，保险螺钉17所起的作用是________________。

2. 安装转向盘时，使转向轮处于直线行驶位置是为了________________。

3. 转向盘自由行程由________________几处的间隙组成。

4. 车轮转向时，应使内转向角大于外转向角是为了保证________________。这一要求由________________来达到。若某一转向角不符合标准，可________________进行调整。

5. 你还有什么不清楚的地方？

项目5 动力转向油泵的拆卸、分解、检验、装配及安装

得分：

一、检验记录表

序号	检验内容	实测值	标准值	处理意见
1	转子轴和衬套配合间隙			
2	检查轴承和轴承定位卡环			
3	检查叶片			
4	检查叶片和转子槽配合间隙			
5	检查流量控制阀			
6	检查弹簧长度			
7	检查油封			

二、训练记录、评分表

时间： 时 分至 时 分 共 分钟

序号	作业内容	配分	扣分原因	得分
1	拆卸动力转向油泵	10		
2	分解动力转向油泵	10		
3	检验动力转向油泵	20		
4	装配动力转向油泵	15		
5	安装动力转向油泵	15		
6	检查调整动力转向系统	10		
7	分数总计	80		
备注				

指导教师： 年 月 日

三、训练并思考(20分)

1. 分解动力转向前后泵体时，做配合记号的目的是____。

2. 转子轴和衬套配合间隙过大会造成____。

3. 保证转子上的标记与凸轮圈上标记相同有何意义？

4. 试叙述图 7-120 所示调整动力转向机构的原理。

5. 总结动力转向油泵的拆卸、分解、检验和装配注意事项。

模块八 制动系拆装及检验

项目1 制动总泵的拆卸与分解

得分：

一、训练记录、评分表

时间：　　时　　分至　　时　　分　　共　　分钟

序号	作业内容	配分	扣分原因	得分
1	拆卸制动总泵	25		
2	拆卸储液器	15		
3	拆活塞限位螺钉	15		
4	拆出两个活塞和弹簧	20		
5	分数总计	75		
备注				

指导教师：　　　　年　　月　　日

二、训练并思考(25分)

1. 制动总泵固定在__________上，油管分别和____________________相连。

2. 制动液位传感器控制着__________，当制动液不足时，使__________点亮。

3. 若使制动液残留在车身油漆表面会使____________________。

4. 拆活塞限位螺钉时，用螺丝刀直推活塞的目的是______________________________。

5. 你认为在此项目中还应注意什么问题？

项目 2　制动总泵的检查与组装

得分：

一、检验记录表

序号	检验内容	实测值	标准值	处理意见
1	第一活塞(前)尺寸			
2	第一活塞(后)尺寸			
3	第二活塞(前)尺寸			
4	第二活塞(后)尺寸			
5	泵体内孔尺寸			
6	活塞密封圈			
7	活塞与泵体配合间隙			

二、训练记录、评分表

时间：　　　时　　　分至　　　时　　　分　　　　共　　　分钟

序号	作业内容	配分	扣分原因	得分
1	检验活塞	20		
2	检验泵体	15		
3	检验密封圈	10		
4	计算活塞与泵体配合间隙	10		
5	组装活塞组件	10		
6	安装活塞限位螺钉	10		
7	安装储液器	5		
8	分数总计	80		
备注				

指导教师：　　　　　　　　　　　　　　　　　　年　　月　　日

三、训练并思考(20 分)

1. 若活塞与泵体内孔表面有划伤或配合间隙过大会造成____。
2. 密封圈老化的标志是____。
3. 装活塞限位螺钉时,应用螺丝刀把活塞推到底,再拧紧螺钉,否则会____。
4.《轿车维修基础》教材图 8-15 中 A 处若没有间隙,可能会造成________________________。
5. 在制动总泵的检查与组装过程中,你还发现什么问题?

6. 总结制动总泵的检查与组装技术要点。

项目3　制动助力器的拆卸与分解

得分：

一、训练记录、评分表

时间：　　　时　　　分至　　　时　　　分　　　　共　　　分钟

序号	作业内容	配分	扣分原因	得分
1	拆卸助力器总成	15		
2	分开前后体	25		
3	拆出防尘罩和膜片总成	10		
4	分解阀体	20		
5	拆出密封圈	10		
6	分数总计	80		
备注				

指导教师：　　　　　　　　　　　　　　　　年　　月　　日

二、训练并思考(20分)

1. 制动助力器推杆一端与__________接触,另一端与__________接触。
2. 膜片弹簧的作用是____________________。
3. 分开前后体时,在其上作配对标记的目的是____________________。
4. 定位键的作用是____________________。
5. 你还发现什么问题?

项目 4　制动助力器零件的检查与组装

得分：

一、检验记录表

序号	检验内容	实测值	标准值	处理意见
1	膜片			
2	膜片弹簧			
3	阀			

二、训练记录、评分表

时间：　　　　时　　　　分至　　　　时　　　　分　　　　　　共　　　　分钟

序号	作业内容	配分	扣分原因	得分
1	零件检验	15		
2	组装阀体	10		
3	组装后体	5		
4	装配前后体	15		
5	调整推杆长度	10		
6	调整推力杆长度	10		
7	安装助力器及支架	10		
8	总装制动总泵总成	10		
9	分数总计	85		
备注				

指导教师：　　　　　　　　　　　　　　　　　　　　　　年　　月　　日

三、训练并思考(15 分)

1. 阀的作用是______________________________。

2. 若膜片出现裂纹或泄漏会造成＿＿＿＿＿＿＿＿＿＿＿＿＿＿＿＿＿＿＿＿＿＿＿＿。

3. 若助力器推杆长度过长会造成＿＿＿＿＿＿;若过短会造成＿＿＿。

4. 推力杆的长度若调整过长会造成＿＿＿＿＿＿;若过短会造成＿＿＿＿＿＿＿＿＿＿。

5. 在检查与组装制动助力器的过程中,你还有什么问题?

6. 总结制动助力器零件的检查与组装技术要点。

项目 5　前盘式制动器的分解

得分：

一、训练记录、评分表

时间：　　　时　　　分至　　　时　　　分　　　　共　　　分钟

序号	作业内容	配分	扣分原因	得分
1	拆出车轮	15		
2	检查摩擦块厚度	10		
3	拆下制动分泵	15		
4	拆下摩擦块和减振弹簧	20		
5	分解制动分泵	25		
6	分数总计	85		
备注				

指导教师：　　　　　　　　　　　　年　　月　　日

二、训练并思考(15 分)

1. 拆除车轮后，再把螺母装入是为了________________。
2. 拆下制动分泵后，暂不拆掉制动软管是因为________________。
3. 减振弹簧和减振垫片的作用是________________。
4. 你还发现了什么问题？

项目 6　前盘式制动器零件的检验与组装

得分：

一、检验记录表

序号	检验内容	实测值	标准值	处理意见
1	内摩擦片厚度			
2	外摩擦片厚度			
3	制动盘厚度			
4	制动盘端面跳动量			

二、训练记录、评分表

时间：　　　时　　　分至　　　时　　　分　　　　　共　　　分钟

序号	作业内容	配分	扣分原因	得分
1	测量摩擦片厚度	5		
2	测量制动盘厚度	5		
3	测量制动盘的端面跳动量	20		
4	更换制动盘	10		
5	组装制动分泵	15		
6	安装摩擦块	10		
7	安装制动分泵	15		
8	分数总计	80		
备注				

指导教师：　　　　　　　　　　　　　　　　　　　年　　月　　日

三、训练并思考(20 分)

1. 摩擦片的厚度包括底板的厚度在内。(　　)
2. 制动盘的厚度测量应在圆盘外圆边缘处测量。(　　)
3. 在测量制动盘端面跳动量时,使轴承轴向间隙调至规定值之内的目的是____。
4. 若制动盘端面跳动量超过标准时,会使制动________________________。
5. 活塞密封圈起密封活塞的作用,同时还起到________________________的作用。
6. 更换摩擦块时,同一个轮上的两个摩擦块应同时更换,这是因为____。
7. 在前盘式制动器零件的检验与组装过程中,你还发现什么问题?

8. 总结前盘式制动器零件的检验与组装技术要点。

项目7　后鼓式制动器的分解

得分：

一、训练记录、评分表

时间：　　　时　　　分至　　　时　　　分　　　　共　　　分钟

序号	作业内容	配分	扣分原因	得分
1	拆下后轮	10		
2	拆出制动鼓	20		
3	拆出复位弹簧和摩擦片	30		
4	拆卸分解分泵	20		
5	分数总计	80		
备注				

指导教师：　　　　　　　　　　　　　　　　年　　月　　日

二、训练并思考(20分)

1. 拆制动鼓时，用螺丝刀向上压楔块使其复位的作用是＿＿＿＿＿＿＿＿＿＿＿＿＿。

2. 制动蹄的轴向定位是靠＿＿＿＿＿＿和＿＿＿＿＿＿起作用的。

3. 定位弹簧的作用是＿＿＿＿＿＿＿＿＿＿＿＿＿＿＿＿＿＿＿＿＿。

4. 支撑弹簧的作用是＿＿＿＿＿＿＿＿＿＿＿＿＿＿＿＿＿＿＿＿＿。

5. 停车制动时，驻车制动力是通过＿＿＿＿＿＿、＿＿＿＿＿＿、＿＿＿＿＿＿的作用使制动蹄张开，实现停车制动的。

6. 制动分泵的作用是＿＿＿＿＿＿＿＿＿＿＿＿＿＿＿＿＿＿＿＿＿。

7. 你还有什么问题？

项目8　后鼓式制动器零件的检验与组装

一、检验记录表

得分：

序号	检验内容	实测值	标准值	处理意见
1	测量制动鼓内径			
2	测量制动鼓径向跳动量			
3	测量制动蹄摩擦片厚度			
4	检查摩擦片与制动鼓的接触情况			
5	测量分泵内孔直径			
6	测量活塞外径			
7	测量分泵与活塞配合间隙			
8	测量分泵皮碗直径			

二、训练记录、评分表

时间：　　　　时　　　　分至　　　　时　　　　分　　　　　　共　　　　分钟

序号	作业内容	配分	扣分原因	得分
1	检验制动鼓	15		
2	检验摩擦片	10		
3	检验分泵	10		
4	组装分泵	10		
5	组装制动蹄及复位弹簧	25		
6	安装驻车制动拉索	5		
7	安装制动鼓,调整轴承间隙	10		
8	分数总计	85		
备注				

指导教师：　　　　　　　　　　　　　　　　　　　　　年　　月　　日

三、训练并思考(15 分)

1. 若制动鼓径向跳动量过大,使用中会造成______________________________。

2. 若摩擦片与制动鼓的接触面积过小,会产生____________________________。

3. 车轮制动缸(分泵)的密封主要靠__________________________________。

4. 桑塔纳轿车鼓式制动器自动调整间隙主要由__________、__________、__________3 个弹簧的共同作用来实现。

5. 在后鼓式制动器零件的检验与组装中,你还发现什么问题?

6. 总结后鼓式制动器检验与组装技术要点。

项目 9　制动防抱死系统总泵的拆卸、检验及组装

得分：

一、训练记录、评分表

时间：　　　时　　　分至　　　时　　　分　　　共　　　分钟

序号	作业内容	配分	扣分原因	得分
1	拆卸	30		
2	检验	10		
3	组装	30		
4	分数总计	70		
备注				

指导教师：　　　　　　　　　　　　　　　　年　　月　　日

二、训练并思考(30 分)

1. 在拆卸 ABS 总泵的连接管路之前，踩下制动踏板，并用踏板架固定的目的是＿＿＿＿＿＿＿＿＿＿＿＿＿＿＿＿＿＿＿＿＿＿＿＿。
2. 在拆卸 ABS 总泵的各连接管路之后，立即将各接口塞住的目的是＿＿＿＿＿＿＿＿＿＿＿＿＿＿＿＿＿＿。做记号的目的是＿＿＿＿＿＿＿＿＿＿＿＿＿＿＿＿＿＿＿＿＿＿＿＿。
3. 一般制动液的更换周期为＿＿＿＿＿＿。
4. 添加制动液时缓慢注入使之不起泡的目的是＿＿＿＿＿＿＿＿＿＿＿＿＿＿。
5. 你还发现什么问题？

项目 10　制动效能的检验和调整

得分：

一、训练记录、评分表

时间：　　　时　　　分至　　　时　　　分　　　共　　　分钟

序号	作业内容	配分	扣分原因	得分
1	检查制动踏板高度	5		
2	排除制动总泵中的空气	10		
3	排除制动管路和分泵中的空气	15		
4	检查调整制动踏板自由行程	10		
5	检查调整制动踏板行程余量	10		
6	制动助力器性能试验	10		
7	制动系统密封性检查	10		
8	检查调整驻车制动器	15		
9	分数总计	85		
备注				

指导教师：　　　　　　　　　　　　　　　　年　　月　　日

二、训练并思考(15 分)

1. 制动踏板距离车厢底板高度一般为 150 ~ 160mm，若调整过高会造成＿＿＿＿＿＿＿＿＿＿，若调整过低会造成＿＿＿＿＿＿＿＿＿＿。
2. 排除制动系统中空气的目的是＿＿＿＿＿＿＿＿＿＿。
3. 排除制动管路和分泵中的空气时，先从距离总泵远的分泵开始是为了＿＿＿＿＿＿＿＿＿＿。
4. 制动踏板自由行程反映的是＿＿＿＿＿＿间隙，调整时用改变推杆的长度来进行，当使推杆变长时，制动踏板自由行程＿＿＿＿＿＿＿＿＿＿。
5. 制动踏板行程余量过小会影响＿＿＿＿＿＿＿＿＿＿。
6. 若总泵活塞密封不良应如何检查？

模块九 行驶系拆装及检验

项目1 前桥的拆卸

得分:

一、训练记录、评分表

时间: 时 分至 时 分 共 分钟

序号	作业内容	配分	扣分原因	得分
1	拆卸车轮	5		
2	拆卸盘式制动钳	10		
3	拆横拉杆球头	10		
4	拆保险片	10		
5	拆卸稳定杆	10		
6	拆卸减振器与车轮轴承壳的连接	10		
7	拆卸前桥毂	5		
8	拆卸减振器	5		
9	拆卸传动轴	5		
10	拆卸下摆臂	10		
11	分数总计	80		
备注				

指导教师: 年 月 日

二、训练并思考(20分)

1. 拆卸车轮4个传动螺母时,在车轮着地时只旋松即可,待举升汽车后再旋下,这样做的目的是____。

2. 拆下制动钳后,用绳索将制动钳悬挂在车身上的目的是____。

3. 拆卸保险片时,在保险片上与摆臂上做上标记的目的是____。

4. 拆卸减振器与车轮轴承壳的连接螺栓时,在螺栓头和减振器底座上做上标记的目的是________________________________,此螺栓是1个__________螺栓。

5. 用手前、后摇动下摆臂,若有明显松动,说明________________________已经磨损了,应更换。

6. 在前桥拆卸过程中,你还发现了什么问题?

7. 总结前桥拆卸注意事项。

项目2　前悬架的分解

得分：

一、训练记录、评分表

时间：　　　时　　　分至　　　时　　　分　　　　　共　　　分钟

序号	作业内容	配分	扣分原因	得分
1	从转向节上拆出球头节	10		
2	拆出滚动轴承内圈	20		
3	拆出滚动轴承外圈	20		
4	分解减振器总成	10		
5	分解外等速万向节	15		
6	分解内等速万向节	10		
7	分数总计	85		
备注				

指导教师：　　　　　　　　　　　　　　　　　　　年　　月　　日

二、训练并思考(15分)

1. 转向节上的球头节起＿＿＿＿＿＿＿＿＿＿＿＿＿＿＿＿作用,如果其松旷会出现＿＿＿＿＿＿＿＿＿＿＿＿＿＿＿＿＿＿＿＿＿＿＿＿＿＿＿＿＿＿的现象。

2. 车轮轴承在更换时应进行整体更换的目的是＿＿＿＿＿＿＿＿＿＿＿＿＿＿＿＿＿＿＿＿＿＿＿＿。

3. 减振器的作用是＿＿＿＿＿＿＿＿＿＿＿＿＿＿＿＿＿＿＿＿＿＿＿＿。

4. 在分解外万向节时,在万向节球笼和外壳上做装配标记的目的是＿＿＿＿＿＿＿＿＿＿＿＿＿＿＿＿＿＿＿＿＿＿＿＿。

5. 在前悬架分解过程中,你还发现有什么问题?

项目3　前桥的零件检验与装配

得分：

一、检验记录表

序号	检验内容	实测值	标准值	处理意见
1	等速万向节球笼槽与钢球配合间隙			
2	球笼、球毂、钢球的情况			
3	下摆臂支撑的橡胶衬套			
4	检验减振器			
5	检验轮毂轴承			
6	检验转向节上的球头节			
7	检查滚动轴承的轴向间隙			

二、训练记录、评分表

时间：　　时　　分至　　时　　分　　共　　分钟

序号	作业内容	配分	扣分原因	得分
1	检验传动轴内外万向节	10		
2	组装外万向节	7		
3	组装内万向节	5		
4	万向节与传动轴的组装	5		
5	检验下摆臂橡胶支撑衬套	5		
6	更换下摆臂橡胶轴承	5		
7	安装下摆臂	5		
8	安装稳定杆	5		
9	安装传动轴	5		
10	检验减振器	5		
11	安装减振器	5		
12	检验轮毂轴承	5		
13	检验球头节	5		
14	组装转向节	5		
15	检查、调整车轮轴承间隙	5		
16	安装车轮	3		
17	分数总计	85		
备注				

指导教师：　　　　　　　　　　年　　月　　日

三、训练并思考(15 分)

1. 万向节球笼槽与钢球直径之差,标准为 0.02 ~ 0.05mm。若其配合间隙过大将会造成____________________。

2. 在组装内万向节时,如课本图 9-41 所示,如果球笼壳上的宽间隔 a 与球毂上的窄间隔 b 没有对准,则会出现____________________的情况。

3. 保证传动轴万向节防尘罩正确安装位置的目的是____________________。

4. 悬架下摆臂上的橡胶衬套若磨损松旷会造成____________________。

5. 稳定杆的作用是____________________,若其支撑夹箍松旷会____________________。

6. 若减振器的阻尼作用丧失,会造成汽车____________________。

7. 判断

(1)球头节是否应更换,是由球头与球头座之间的配合间隙决定的。(   )

(2)在教材图 9-73 中,将磁力表座安装在悬架上或其他的物体上,测量结果是一样的。(   )

8. 在前桥检验过程中,你还遇到什么问题?

项目4　后桥的拆卸

得分：

一、训练记录、评分表

时间：　　　时　　　分至　　　时　　　分　　　共　　　分钟

序号	作业内容	配分	扣分原因	得分
1	拆卸车轮	10		
2	拆卸制动装置	25		
3	拆卸后减速器总成	20		
4	拆卸橡胶—金属胶合轴衬	30		
5	分数总计	85		
备注				

指导教师：　　　　　　　　　　　　年　　月　　日

二、训练并思考(15分)

1. 按教材图9-80、图9-81中的操作步骤,在________________的情况下需要进行。

2. 后减振器上部与________相连,下部与________________相连。

3. 后悬架是用橡胶—金属胶合轴衬与车身相连的,若轴衬磨损松旷后会使汽车________________________________。

4. 在后桥拆卸过程中,你还发现了什么问题?

项目5　后悬架的分解

得分：

一、训练记录、评分表

时间：　　　时　　　分至　　　时　　　分　　　共　　　分钟

序号	作业内容	配分	扣分原因	得分
1	分解车轮轴承	45		
2	分解后减振器	35		
3	分数总计	80		
备注				

指导教师：　　　　　　　　　　　　年　　月　　日

二、训练并思考(20分)

1. 后减振器和前减振器在结构上完全一样吗？

2. 后车轮轴承与前车轮轴承比较，在结构上有何异同？

项目6 后桥的零件检验与装配

得分：

一、检验记录表

序号	检验内容	实测值	标准值	处理意见
1	车轮轴承			
2	减振器			
3	轮毂短轴			
4	橡胶—金属胶合轴衬			

二、训练记录、评分表

时间： 时 分至 时 分 共 分钟

序号	作业内容	配分	扣分原因	得分
1	检验车轮轴承	5		
2	检验减振器	5		
3	检验轮毂短轴	10		
4	检验橡胶—金属胶合轴衬	10		
5	安装橡胶—金属胶合轴衬	10		
6	安装减振器	10		
7	安装后轮支撑短轴和制动器总成	10		
8	安装车轮轴承和制动鼓	10		
9	调整车轮轴承间隙	5		
10	安装车轮	5		
11	分数总计	80		
备注				

指导教师： 年 月 日

三、训练并思考(20 分)

1. 对于橡胶—金属胶合轴衬来说,其既起到轴承的作用,又起到了____的作用。

2. 安装减振器时,保证下托盘与吊耳孔的位置关系的目的是____。

3. 在安装制动鼓时,如果制动鼓内表面沾有油脂未清除,会出现____。

4. 车轮轴承间隙过大会____________________________、间隙过小会____________________________。

5. 你还发现了什么问题?

6. 总结后桥检验与装配的技术要点。

项目 7　行驶系的基本检查与调整

得分：

一、训练记录、评分表

时间：　　　时　　　分至　　　时　　　分　　　共　　　分钟

序号	作业内容	实测值	标准值	调整值	配分	扣分原因	得分
1	检查轮胎气压				5		
2	检查轮胎的磨损				5		
3	检查轮辋的变形				10		
4	检查车轮的平衡				5		
5	检查汽车左右高度差				5		
6	检查左右轴距				5		
7	检查前后轮距				5		
8	检查减振性能				5		
9	检查球头节间隙				10		
10	检查车轮转向角				5		
11	检查车轮外倾角				10		
12	检查车轮前束				10		
13	分数总计				80		
备注							

指导教师：　　　　　　　　　　　　　　　　年　　月　　日

二、训练并思考(20 分)

1. 轮胎的气压对汽车的行驶阻力影响较大，若气压过高或过低，将会影响汽车行驶的__________、__________、__________、__________、__________等性能。

2．轮胎的花纹磨损过甚，将容易使车轮产生__________和__________。

3．若轮辋变形量过大，会使汽车行驶时产生__________现象。

4．若汽车空载时车身左右两个相同点的高度相差过大，说明________________。

5．汽车轮距过大或过小，说明____________________________________。

6．若汽车左右轴距相差过大，会使汽车行驶时__________________________。

7．车轮定位的外倾角，使同轴车轮产生互相“滚开”的趋势；车轮前束，使同轴车轮产生互相“滚拢”的趋势。只有____，同轴车轮才能平行滚动行驶。

参考文献

[1] 江西省进口汽车配件公司编印.上海桑塔纳轿车使用和修理.1994
[2] 李宪民.桑塔纳和桑塔纳2000轿车的结构与维修.北京:人民交通出版社,1997
[3] 龚玉平.汽车电气设备维修.北京:人民交通出版社,1997
[4] 龚玉平.汽车电气设备.北京:人民交通出版社,2001
[5] 任人.上海桑塔纳轿车维修与零部件目录.上海:上海交通大学出版社,1994
[6] 刘伟.捷达车拆装保养维修图集.长春:吉林科学技术出版社,2000
[7] 赵新民.汽车构造.北京:人民交通出版社,1999
[8] 王斌松,宋作军,杨爱兰.捷达轿车维修图册.北京:人民交通出版社,2001
[9] 张第宁.汽车维修.北京:人民交通出版社,1999
[10] 何耀华,张克勤.图解桑塔纳轿车构造与检修,福州:福建科学技术出版社,2000
[11] 甄凯玉.中小型发动机维修技术数据大全.北京:机械工业出版社,1998
[12] 图解小型进口汽车检修与零件代换手册.福建:福建科学技术出版社,1991
[13] 刘冰,高歌,皓琦.国内外小型汽车的使用、保养与维修.北京:北京科学技术出版社,1994
[14] 廖权来,万果编译.进口小型汽车维修保养手册.广东:广东科技出版社,1984
[15] 栾琪文.自动变速器实用维修图集.沈阳:辽宁科学技术出版社,2002
[16] 丛守智.奥迪轿车构造与维修.长春:吉林科学技术出版社,1998
[17] 李东江,张大成.广州本田雅阁系列轿车维修手册.北京:北京理工大学出版社,2001
[18] 李东江,张大成.国产轿车自动变速器检修手册.北京:机械工业出版社,2003
[19] 徐昭,肖润谋.自动变速器维修.北京:电子工业出版社,2002
[20] 郭禧光,李炳泉.桑塔纳2000型轿车使用与维修手册.北京:机械工业出版社,1999